Falken + ASS
Spiel - Hobby - Spaß

Claus D. Grupp

Schafkopf Doppelkopf

Binokel, Cego, Gaigel, Jaß, Tarock u. a. „Lokalspiele"

Falken-Verlag Erich Sicker KG · Wiesbaden

ASS-Spiele · Leinfelden

Zeichnungen: ASS-Studio, Leinfelden
Gesamtherstellung: Konkordia GmbH, Bühl
Falken Bestellnummer: ISBN 3 8068 2015 5
ASS-Bestellnummer: 9038/8

8 7 6 5 4 3 2 1

Inhalt

Binokel

Cego

Gaigel

Jaß

Schnapser

Tarock (Haferltarock)

Watten

Zwicker

Vor-Spiel

Es gibt ein paar Kartenspiele, die weltweit bekannt sind. Sie werden in Kairo ebenso gespielt wie in Tokio, San Francisco, Edinburgh oder Wiesbaden. Dazu gehören Bridge und Poker. Daneben gibt es Spiele, die nur für ein bestimmtes Volk typisch sind. Skat etwa ist ein ausgesprochen deutsches Spiel.

Innerhalb der einzelnen Länder aber findet man eine Reihe von Kartenspielen, die sozusagen nur örtlich bekannt sind, nur in einem verhältnismäßig kleinen Winkel unserer Erde. Diese lokal begrenzten Spiele sind jedoch in ihrer jeweiligen Gegend so beliebt, daß sie zum Stammtischspiel in Lokalen und Wirtschaften wurden. Wir nennen diese Spiele deshalb »Lokalspiele«.

Über ihre Heimat hinaus sind sie allenfalls dem Namen nach bekannt, aber niemand kennt ihre Regeln. Es ist erwiesenermaßen schwer, solche Spiele zu »exportieren«, sie in andere Gegenden zu verpflanzen. Wo sie gewachsen sind, werden sie mit Leidenschaft gespielt; hundert Kilometer entfernt wundern die Leute sich darüber, daß es solche Spiele überhaupt gibt. Das ist schade, denn einige dieser Spiele mit Lokalkolorit sind überaus reizvoll.

Da diese Spiele meistens durch mündliche Überlieferung von Generation zu Generation weitergegeben wurden, sind die Spielregeln oft von Ort zu Ort verschieden. Und weil keine einheitlichen, verbindlichen Regeln vorhanden sind, werden die Spiele gelegentlich nach Lust und Laune verändert. Das ist einerseits ein Zeichen für die Lebendigkeit dieser Spiele, andererseits wuchern die Spielvarianten dadurch mitunter ins Uferlose aus. Das erschwert es, die Spiele einigermaßen kompakt und verständlich zu beschreiben.

Noch ein paar Worte zu den Spielkarten. Die meisten »Lokalspiele« werden mit besonderen Karten gespielt, also nicht mit dem Blatt, das jedem Skat- oder Rommèspieler vertraut ist. Da kommen die Farben »Eichel« und »Schippe« und »Schelle« vor, da treten »Unter« und »Ober« auf statt »Buben« und »Damen«, da heißt der »Bube« mancherorts »Bauer« und die »Zehn« wird zum »Banner«. Einige Karten mit besonderer Trumpfbedeutung

haben eigene Namen, zum Beispiel der »Maxi« oder das »Nell«, die »Alten« oder die »Tollen«.
Die meist farbenprächtigen Kartenspiele zeigen das bayerische Bild, das württembergisch-pfälzische, das fränkische, sächsische, österreichische oder das Schweizer Bild. Nördlich der Mainlinie sind sie fast unbekannt und nur schwer käuflich zu erwerben. Man wird sich also mitunter damit behelfen, das Skatblatt zu nehmen oder das Romméblatt entsprechend zu kürzen. Das geht auch, aber es ist ein Behelf. Erfahrungsgemäß gewinnen alle »lokalen« Spiele an Reiz, wenn man sie mit dem Originalblatt spielt. Selbst anfängliche Schwierigkeiten beim Zurechtfinden in den fremden Bildern wirken sich eher förderlich aus: Ein neues Spiel läuft, solange man es nicht gut kennt, ohnehin langsam an; spielt man es aber mit dem vertrauten Blatt, fällt man dauernd in die Regeln der gewohnten Spiele zurück. Ein alter Skathase, der Schafkopf mit der Skatkarte lernen möchte, wird viel zu oft durch skattypische Kartenkombinationen von seinem Lernziel abgelenkt. Bekommt er drei Buben auf die Hand, trauert er seinem Grand nach, während er die Damen (bei Schafkopf die höchsten Trümpfe) gefühlsmäßig eher als störende Beiblätter bewertet.
Man sollte deshalb unsere Lokalspiele möglichst mit der Originalkarte spielen und keine Mühe scheuen, sie sich zu besorgen. Bei jeder Spielbeschreibung in diesem Buch werden die erforderlichen Karten vorgestellt; außerdem wird vermerkt, unter welcher Bestellnummer die entsprechenden Kartenspiele bei den Vereinigten Altenburger und Stralsunder Spielkartenfabriken in Leinfelden bei Stuttgart angefordert werden können. Solche Bestellungen nehmen sämtliche Spielwarengeschäfte sowie der Schreibwarenhandel und die Fachabteilungen der Kaufhäuser entgegen. Der Einzelversand kann zwar ein wenig teurer kommen, aber dafür wird der Spaß um so größer sein.

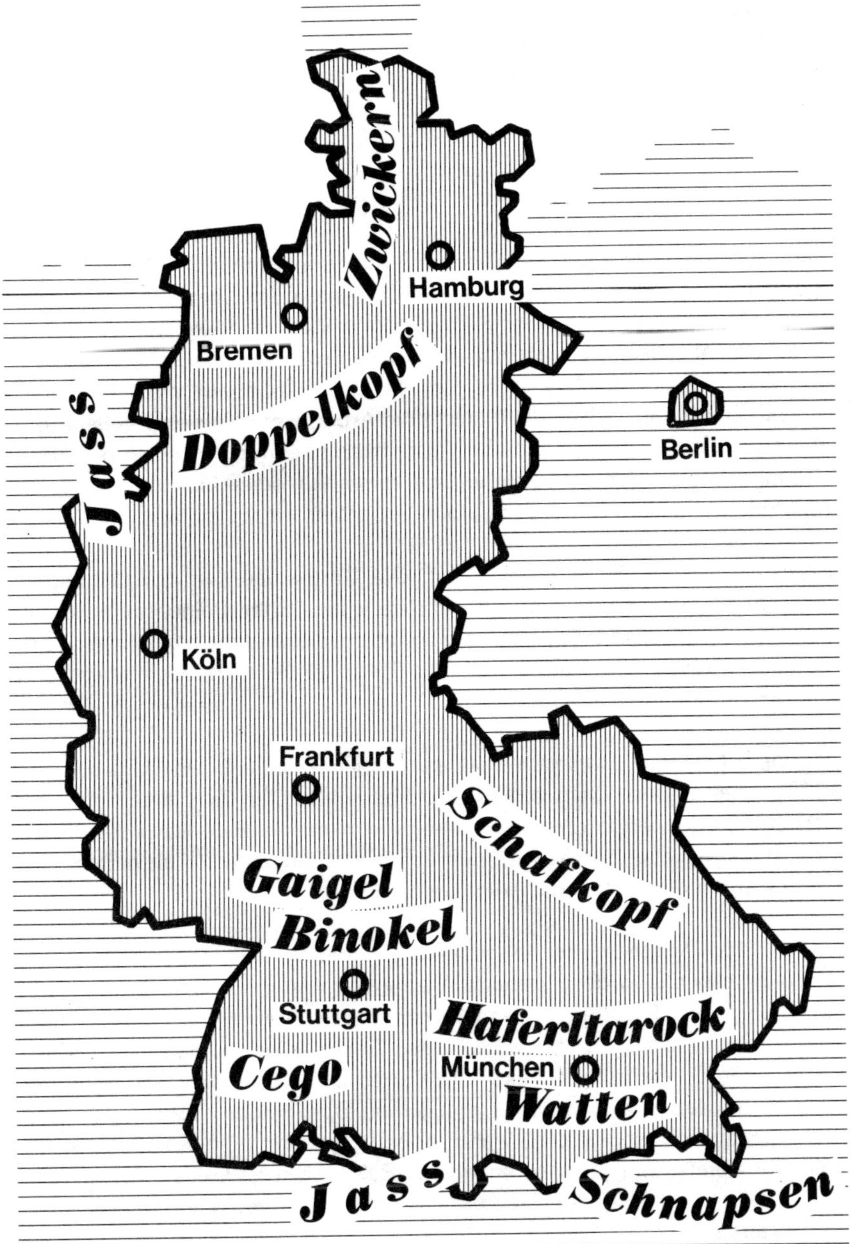
Zwickern
Hamburg
Bremen
Doppelkopf
Berlin
Jass
Köln
Frankfurt
Schafkopf
Gaigel
Binokel
Stuttgart
Haferltarock
Cego
München
Watten
Jass
Schnapsen

Allgemeines

Man darf wohl annehmen, daß die Mehrzahl der erwachsenen Bundesbürger irgendein Kartenspiel kennt, sei es nun Rommé oder Skat, Mau-Mau oder Bridge, Sechsundsechzig oder Siebzehn und Vier. Und wer nur ab und zu schon einmal Karten gespielt hat, der weiß, daß in diesem Zusammenhang ein »Stich« nichts mit Nähen zu tun hat, daß »Abheben« nicht den Start eines Flugzeugs und »Bedienen« nicht die Arbeit einer Kellnerin bedeutet. Damit aber auch Leser, die außer Postkarten noch nie Karten in der Hand hielten, die folgenden Spielanleitungen verstehen, seien hier einige Begriffe erläutert, die in allen Spielbeschreibungen immer wieder auftauchen.

Mischen: Damit beginnt jedes Spiel. Die Karten müssen durcheinandergebracht werden, damit sie in möglichst willkürlicher Reihenfolge liegen. Wer das übliche Mischen von einer Hand in die andere nicht beherrscht, der lege einfach alle Karten auf den Tisch, Rückseiten nach oben, und »rühre« sie gut durcheinander.

Abheben: Nach dem Mischen muß man abheben lassen. Man legt das gemischte Kartenpaket dem rechten Nachbarn hin. Der hebt einen Teil der Karten ab, gewöhnlich etwa die Hälfte, und bildet so zwei Kartenhäufchen. Der liegengebliebene Rest wird nun auf den abgehobenen Teil gelegt. Dadurch werden die Karten zusätzlich gemischt.

Geben: Nach Mischen und Abheben wird gegeben. Der Geber teilt reihum jedem Spieler die vorgeschriebene Anzahl von Karten zu. Bei der Mehrzahl der Spiele wird linksherum gegeben, im Uhrzeigersinn: Der Spieler links vom Geber erhält als erster Karten, der Geber selbst zuletzt. Gewöhnlich werden den Spielern nicht gleich alle Karten auf einmal zugeteilt. Man gibt vielmehr in Raten, zum Beispiel erst jedem Spieler drei, dann jedem vier und zuletzt noch einmal drei, wenn jeder insgesamt zehn Karten erhalten soll. Die Spieler wechseln einander der Reihe nach im Geben ab; für das zweite Spiel teilt also der Spieler, der links vom ersten Geber sitzt, die Karten aus.

Aufnehmen: Nach dem Geben nimmt jeder seine Karten zur Hand, ordnet sie nach Werten und Farben und stellt fest, ob er Aussicht auf Gewinn des Spiels hat. Was zum Gewinn eines Spiels nötig ist, ist jeweils unter „Ziel des Spiels“ beschrieben.

Blatt: Darunter versteht man im Kartenspiel entweder die einzelne Karte (Skatkarte zu 32 Blatt) oder die »Hand«, also alle Karten, die man beim Geben auf die Hand bekommen hat (ein »gutes Blatt« oder ein »miserables Blatt«).

Farben: Jedes Kartenspiel besteht aus vier Gruppen oder Familien, die man »Farben« nennt. Gewöhnlich sind dies:
Kreuz, Pik, Herz, Karo.

In Süddeutschland wird noch häufig mit Karten gespielt, die die deutschen Farben zeigen:
Eichel, Schippe, Herz, Schelle.

Die Farbe »Schippe« wird oft auch Grün oder Laub genannt. Wie auch immer: Farbe bedeutet im Kartenspiel also nicht etwa Rot oder Schwarz, sondern eines der vier Kartenzeichen.

Werte: Jede Farbe besteht wiederum aus verschiedenen Kartenwerten in einer bestimmten Reihenfolge. Gewöhnlich ist das As die höchste Karte einer Farbe, danach folgen König, Dame, Bube, Zehn, Neun, Acht und Sieben.

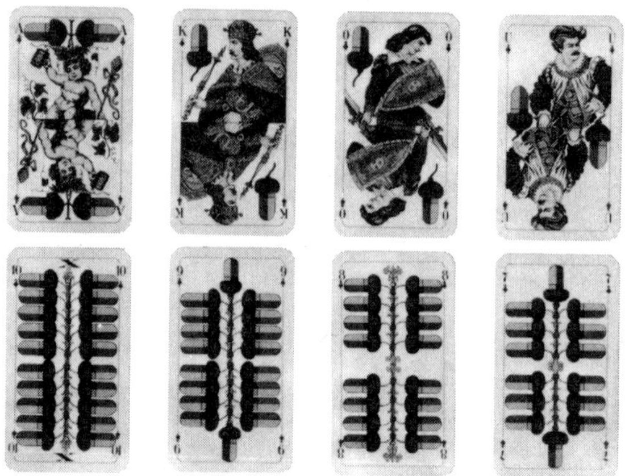

In manchen Spielen gibt es noch weitere Werte bis zur Zwei hinunter. Mitunter folgt dem As nicht der König, sondern die Zehn in der Rangfolge, dann »sticht« die Zehn den König und alle folgenden Karten. Diese Rangfolge für das Stechen (siehe dort) wird bei jeder Spielbeschreibung genannt, da sie gelegentlich wechselt.

Neben dieser Rangfolge für das Stechen haben die einzelnen Karten jeder Farbe noch einen anderen Wert, der in Zahlen ausgedrückt wird. Das As zum Beispiel zählt meistens 11, die Zehn 10, der König 4, die Dame 3 und der Bube 2 Punkte. Die niedrigeren Werte von der Neun abwärts zählen gewöhnlich nichts, also null Punkte. Statt Punkte sagt man im Spiel auch »Augen«. Diese Zahlen sind wichtig, wenn bei Spielen eine bestimmte Augenzahl in den Stichen erreicht werden muß, um zu siegen. Diese Punktbewertung kann von Spiel zu Spiel verschieden sein und wird deshalb bei jeder Spielbeschreibung extra aufgeführt.

Ansage: Hat jeder seine Karten auf der Hand geordnet, muß irgendwer ein Spiel ansagen (so ist es in den meisten Fällen). Gewöhnlich sagt derjenige das Spiel an, der das beste Blatt oder wenigstens ausreichend gute Karten hat. Da man seine Karten aber nicht verrät und somit niemand weiß, wer das beste Blatt hat, wird der »Hauptspieler« jedes Mal durch ein besonderes Verfahren ermittelt. Das kann durch Steigern, durch Reizen, durch Überbieten oder auf andere Weise erfolgen. Wie es im einzelnen Falle geschieht, wird ausführlich bei jedem Spiel beschrieben. Der »Hauptspieler« spielt entweder allein gegen alle anderen oder mit einem Partner zusammen gegen die übrigen. Er hat gewöhnlich bestimmte Vorrechte; zum Beispiel darf er in vielen Fällen die Trumpffarbe bestimmen.

Trumpf: Bei vielen Spielen hat eine der vier Farben Vorrang vor den anderen, sie ist Trumpf. Das bedeutet: Jede Trumpfkarte sticht sämtliche Karten der übrigen Farben. Sogar die Trumpf-Sieben sticht noch jedes andersfarbige As. Mitunter werden zusätzlich zu einer Farbe noch bestimmte Kartenwerte zu Dauertrümpfen ernannt, zum Beispiel alle Buben oder alle Damen. Sie gehören in diesem Falle nicht zu ihren ursprünglichen Farben, sondern zählen zur Trumpf-Familie.

Stechen (Stich): Wenn das Spiel angesagt ist, hat das Vorgeplänkel ein Ende. Jetzt geht's um die Wurst, genauer gesagt: um die Stiche.
Gewöhnlich legt der Spieler links vom Geber die erste Karte für den ersten Stich auf den Tisch. Dieser Spieler hat die »Vorhand«, wie man zu sagen pflegt. Die Farbe dieser ersten Karte ist die »angespielte« oder »vorgelegte« Farbe. Der Reihe nach (gewöhnlich im Uhrzeigersinne) gibt nun jeder Spieler eine Karte hinzu. Vorwerfen, also eine Karte hinlegen, bevor man an der Reihe ist, ist nicht erlaubt.
Der Stich gehört dem, der den höchsten Kartenwert in der angespielten Farbe hingelegt hat, oder dem, der mit Trumpf überstochen hat. Er nimmt

alle Karten des Stichs und legt sie vor sich auf den Tisch, mit den Rückseiten nach oben. Er hat nun das Vorrecht, auszuspielen, also die erste Karte für den nächsten Stich hinzulegen. Damit kann er den Verlauf des nächsten Stichs entscheidend beeinflussen.

Bedienen: Bei den meisten Kartenspielen muß »bedient« werden, das heißt: Die angespielte Farbe bestimmt, welche Karten die folgenden Spieler hinlegen müssen. Nehmen wir an, jemand hat als erste Karte eines Stichs den Herz-König ausgespielt. Der zweite muß nun ebenfalls eine Herz-Karte dazugeben, er muß die Farbe »bedienen«. Vielleicht hat er das Herz-As und versucht damit, den Stich zu gewinnen. Der folgende Spieler muß ebenfalls bedienen, also eine Herz-Karte dazulegen. Nur dann, wenn er keine hat, darf er eine Karte von anderer Farbe wählen. Bei vielen Spielen wird vorgeschrieben, daß in einem solchen Fall getrumpft werden muß. Nehmen wir einmal an, der dritte Spieler hätte tatsächlich keine Herz-Karte auf der Hand und statt dessen eine Trumpf-Karte in den Stich gegeben. Er hat damit den Stich übernommen. Sollte nun noch ein vierter Spieler in der Runde sitzen, muß er nicht den soeben gespielten Trumpf, sondern die zuerst angespielte Farbe Herz bedienen. Er muß eine Herz-Karte hinlegen, selbst wenn er dadurch seine wertvolle Zehn opfern müßte. Hat er aber ebenfalls keine Herz-Karte mehr, kann er seinen Vordermann mit einem höheren Trumpf »übertrumpfen« (dann würde ihm der Stich gehören), oder eine beliebige andere Karte abwerfen, wenn nicht zwingend vorgeschrieben ist, daß jeder, der nicht bedienen kann, trumpfen muß. Das ist von Spiel zu Spiel anders und wird in den einzelnen Beschreibungen extra erwähnt.

Zählen: Wenn alle Stiche gemacht sind, zählt jeder Spieler oder jede Spielpartei die Augen in den Stichen zusammen, um festzustellen, wer das höhere Ergebnis und damit gewonnen hat.

Runde: Eine Spielrunde ist beendet, sobald jeder Spieler einmal gegeben hat, der Geber des ersten Spiels also wieder an der Reihe ist, die Karten auszuteilen.

Partie: Eine Spielpartie setzt sich aus mehreren Einzelspielen zusammen und ist beendet, wenn ein vorher vereinbartes Ziel erreicht ist, zum Beispiel eine bestimmte Punktzahl oder eine bestimmte Anzahl von Siegen in Einzelspielen.

Schafkopf

Schafkopf ist ein altes Stichspiel, das in Süddeutschland, vor allem in Bayern, heute noch sehr beliebt ist. In letzter Zeit gewinnt es zunehmend an Freunden und wird mehr und mehr auch in Gegenden gespielt, wo es früher allenfalls dem Namen nach bekannt war. So dringt Schafkopf zum Beispiel in Süddeutschland nach Westen vor und erobert sich im Schwabenland so manchen Stammtisch, an dem früher nur gegaigelt wurde.
Eine ältere Form des Spiels, der Deutsche Schafkopf, ist weithin vergessen; Teile seiner Regeln wurden in das Skatspiel übernommen. Was heute als Schafkopf gespielt wird, geht auf den Wendischen Schafkopf zurück. Anders als bei Bridge oder Skat gibt es für Schafkopf keine verbindlichen Regeln. Mitunter wird von Ort zu Ort etwas unterschiedlich gespielt, doch sind die Unterschiede im »Kernland« des Schafkopfs meistens gering. In anderen Gegenden findet man allerdings oft starke Einflüsse von Doppelkopf, Skat und anderen Spielen.
Im folgenden wird zunächst eine Form von Schafkopf beschrieben, wie sie in Oberfranken üblich ist, z. B. in der Gegend um Coburg. Varianten werden anschließend erwähnt.

Das Ziel des Spiels

Wie bei vielen anderen Spielen geht es auch bei Schafkopf im Grunde nur darum, von einer feststehenden Punktzahl mehr zu gewinnen als die Gegner. Sämtliche Karten haben zusammen einen Punktwert von 120 Augen; um davon mehr zu haben als die Gegner, muß man also wenigstens 61 Augen in den Stichen »einheimsen«.
Das klingt einfach. Die Wege aber, auf denen man zu diesem Ziel gelangen kann, sind im Schafkopf recht unterschiedlich und abwechslungsreich. Das macht den Reiz des Spiels aus.
Man spielt gewöhnlich um Geld, natürlich nicht um hohe Einsätze. Im Familienkreis können die Spielergebnisse auch mit Spielmarken oder Knöpfen abgerechnet werden.

Teilnehmer

Man spielt Schafkopf stets zu viert. Sollte der vierte Mann (oder die vierte Frau, wie man heutzutage ergänzend sagen muß) fehlen, läßt es sich zwar auch zu dritt spielen, aber mit eingeschränktem Vergnügen. Schafkopf zu dritt ist eben kein Schafkopfspiel mehr. Hier wird also nur das Viererspiel beschrieben.

Es ist nun keineswegs so, daß jeder der Teilnehmer für sich allein spielt. Vielmehr bilden sich Parteien: Entweder spielt einer allein (»Solo«) gegen die drei anderen, oder — in den meisten Fällen — zwei gemeinsam gegen die beiden übrigen. Das kann laufend wechseln. Mehr noch: Selbst bei Spielen Paar gegen Paar sind nicht den ganzen Abend über dieselben Partner vereint. Vielmehr entscheidet sich von Spiel zu Spiel, wer mit wem gemeinsame Stiche und damit gemeinsame Kasse macht. Die Partnerwahl richtet sich nach der Kartenverteilung, und es gibt feste Regeln dafür, die etwas später beschrieben werden. Nur soviel jetzt schon: Gewöhnlich weiß beim ersten Stich noch niemand, wer mit wem zusammenspielt. Seinen Partner findet man nämlich meistens erst durch geschicktes Ausspielen und Stechen. Das macht schon den Start des Spiels reizvoll.

Zubehör

Schafkopf wird mit 32 Karten gespielt oder (sehr häufig) mit 24 Karten (der »kurzen« oder »scharfen« Karte). Wir lernen hier zunächst das Spiel mit 32 Karten. Man kann ein Skatblatt benützen, doch wird stilecht nicht mit den französischen Zeichen Kreuz, Pik, Herz und Karo gespielt, sondern mit Karten, die die deutschen Zeichen Eichel, Grün, Herz und Schelle tragen. Mancherorts heißen diese Zeichen etwas anders; so wird Grün auch Schippe (das süddeutsche Wort für Schaufel) oder Laub genannt. In dieser Beschreibung werden folgende Bezeichnungen verwendet: Eichel (für Kreuz), Grün (für Pik), Herz (für Herz) und Schelle (für Karo).

Wenn Sie im Laden ein Original-Schafkopfblatt kaufen, finden Sie darin gewöhnlich 36 Karten, wie man sie für Tarock (Haferltarock) benötigt. Entfernen Sie dann daraus alle vier Sechser.
(Hinweise für den Bezug: Schafkopfkarte mit bayerischem Bild unter der ASS-Bestellnummer 1430/8, mit fränkischem Bild unter 1450/4, mit württembergisch-pfälzischem Bild unter 1455/9, mit sächsischem Bild unter 1040/0, mit preußisch-schlesischem Bild unter 1041/9. Bestellungen über den Spiel- und Schreibwarenhandel oder die Fachabteilungen der Kaufhäuser.)

Wenn in Geld abgerechnet wird, braucht jeder Spieler einen Betrag in 5-Pfennigstücken oder in Groschen. Man kann ebensogut in Pfennigen oder mit Spielmarken oder Streichhölzern abrechnen.

Die Karten und ihre Rangfolge

Bevor wir mit dem Spiel anfangen können, müssen wir die einzelnen Karten und ihre unterschiedlichen Werte kennenlernen. Ohne diese Vorkenntnisse kann man nicht beurteilen, ob man ein gutes Blatt auf die Hand bekommt oder ein mäßiges, und nicht entscheiden, welche Karten man nach Möglichkeit stechen muß, um hohe Augenzahlen zu erreichen.
Jede der vier Farben Eichel, Grün, Herz und Schelle besteht aus sechs Karten von verschiedenem Wert, in der Rangfolge von oben nach unten: As, Zehn, König, Neun, Acht, Sieben.

Das As ist die höchste Karte innerhalb einer Farbe, es sticht also alle übrigen Karten von gleicher Farbe. Sieben ist die niederste Karte in jeder Farbe. Man beachte, daß die Zehn unmittelbar hinter dem As folgt; die Zehn sticht also den König und alle niedrigeren Karten derselben Farbe.
Und wo, werden Sie fragen, bleiben die Ober und Unter (beziehungsweise die Damen und Buben, falls Sie das Skatblatt gewohnt sein sollten)? Diese Karten spielen bei Schafkopf eine besondere Rolle. Sie gehören nicht (!) zu den vier Farben, sondern sind ständige Trümpfe.

Die Trümpfe

Für alle Fälle sei gesagt: Trümpfe sind Karten mit bestimmten Vorrechten; sie stechen sämtliche übrigen Karten, die nicht Trumpf sind, einerlei von welcher Farbe und von welchem Wert. Der niederste Trumpf kann also beispielsweise jedes As einer Farbe stechen, die nicht Trumpf ist.
Von den 32 Karten sind im Schafkopf 14 Karten Trümpfe, beinahe die Hälfte also. Es sind dies:
Die vier Ober, die vier Unter und alle sechs Karten der Farbe Herz.
Diese 14 Trümpfe müssen natürlich untereinander ebenfalls eine Rangfolge haben, damit geklärt ist, wer wen sticht, falls mehrere Trümpfe in einem Stich zusammenkommen.
Höchste Trümpfe sind die vier Ober, und unter ihnen ist wiederum der Eichel-Ober der allerhöchste; er kann sämtliche 31 anderen Karten des Spiels stechen. Ihm folgt der Ober in Grün, der demnach nur vom Eichel-Ober gestochen werden kann, seinerseits aber alle übrigen 30 Karten sticht. Diese beiden höchsten Trümpfe nennt man »die Alten«. Auf den Grün-Ober folgen im Rang der Herz-Ober und als vierter der Schelle-Ober. Nächste im Rang sind die vier Unter, ebenfalls in der Reihenfolge Eichel-Grün-Herz-Schelle.
Diese acht Trümpfe zählen in keinem Fall zu den Farben, Eichel-Ober und Eichel-Unter gehören also nicht zur Eichel-Familie. Sie bilden mit den anderen Trümpfen eine Gruppe für sich.
Auf die Unter folgen im Rang des Stechens die sechs Karten der Farbe Herz, und zwar in der bereits bekannten Reihenfolge: As, Zehn, König, Neun, Acht und Sieben.
Herz-Sieben ist demnach der niederste der 14 Trümpfe, aber sie kann immerhin noch jede der 18 übrigen Karten stechen, folglich auch die Asse der drei restlichen Farben.

Man muß sich also einprägen: 14 Karten sind ständige Trümpfe, und zwar in dieser Rangfolge von oben nach unten:

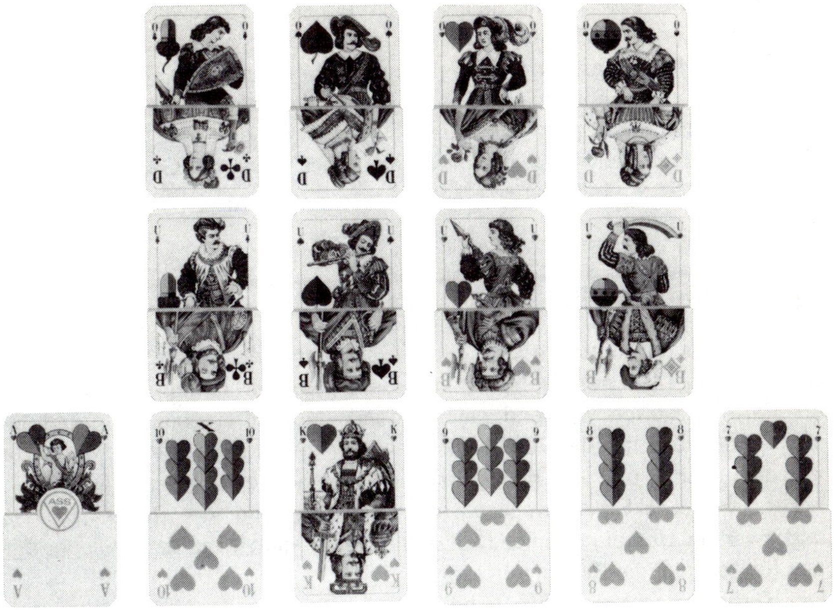

Die Kartenwerte

Jede Karte, ob Trumpf oder nicht, hat einen bestimmten Punktwert, den man auch »die Augen« nennt.

Jedes As zählt	11 Augen
jede Zehn	10 Augen
jeder König	4 Augen
jeder Ober	3 Augen
jeder Unter	2 Augen
Neun, Acht und Sieben	0 Augen
zusammen also	30 Augen

Da jeder Kartenwert viermal vorhanden ist, haben alle 32 Karten zusammen einen Punktwert von $4 \times 30 = 120$ Augen. Von dieser Augenzahl benötigt man mehr als die Hälfte in den eigenen Stichen, um zu gewinnen.

Man darf aber nicht verwechseln: Dieser Punktwert sagt nichts aus über die Rangfolge der Karten beim Stechen. Ein Unter, der nur 2 zählt, kann jedes beliebige As stechen, da er ein hoher Trumpf ist. Die Punktwerte spielen also vor allem am Schluß jedes Spiels beim Zusammenzählen der Augen eine Rolle. Man muß demnach, um ein Spiel zu gewinnen, möglichst viele Stechkarten (Trümpfe) auf die Hand bekommen und mit ihnen nach Möglichkeit hohe Kartenwerte (Asse und Zehner) stechen. Es kommt dabei nicht auf die Zahl der Stiche an, sondern allein auf den Gesamtwert der darin enthaltenen Augen. Wer die nötigen 61 Augen zum Sieg in zwei »fetten« Stichen einheimst, hat gewonnen, auch wenn die Gegner die restlichen sechs Stiche bekommen sollten.

Spielvorbereitung

Nachdem wir nun über die Grundkenntnisse verfügen, können wir uns zum Spiel an den Tisch setzen. Es ist ohne Belang, wer wem gegenübersitzt, da die Partnerschaften während eines Abends laufend wechseln. Irgend jemand muß aber mit dem Geben beginnen: Reihum zieht jeder eine Karte aus dem Stapel, und wer die höchste im Wert gezogen hat, gibt als erster. Für die weiteren Spiele wechseln die Geber einander der Reihe nach ab, und zwar im Uhrzeigersinne. Der erste Geber muß also dann wieder für das fünfte Spiel die Karten verteilen.
Der Geber mischt und läßt abheben (wie im Kapitel »Allgemeines« beschrieben) und teilt dann reihum im Uhrzeigersinn jedem zunächst vier Karten aus, auch sich selbst, danach jedem weitere vier, so daß alle 32 Karten verteilt sind. Es sei hier aber gleich eine Besonderheit erwähnt, die an vielen Stammtischen Gültigkeit hat: Klopft der Spieler, der eigentlich abheben müßte, mit der Faust auf das Kartenpaket, so gibt er damit zu verstehen, daß er auf das Abheben verzichtet. Statt dessen hat er nun aber das Recht, dem Geber vorzuschreiben, wer als erster Karten erhält und in welcher Reihenfolge weiterhin gegeben werden muß; außerdem werden in diesem Falle jedem Spieler alle acht Karten auf einmal zugeteilt.
Nach dem Geben nimmt jeder seine Karten zur Hand, ordnet sie nach Trümpfen und Farben sowie nach ihrer Rangfolge und entscheidet still für sich, ob er Aussicht hat, mehr als 60 Augen in den Stichen zu gewinnen. Er kann nun entweder allein gegen die drei anderen spielen (»Solo«) oder gemeinsam mit einem Partner gegen die beiden übrigen. Ein Solo kann man, zumindest als Anfänger, nur mit sehr guter Karte spielen, und die bekommt man erfahrungsgemäß seltener auf die Hand. Viel häufiger ist

das Spiel zwei gegen zwei. Wir wollen uns deshalb zunächst darauf beschränken und die Solospiele erst etwas später beschreiben.

Spielansage

Nach dem Geben erklärt der Spieler in Vorhand (links vom Geber), ob er das Spiel machen möchte. Er entscheidet das anhand seiner Karten. Hat er ein ausreichend gutes Blatt, so daß er hoffen kann, mit einem Partner zusammen mindestens 61 Augen zu stechen, sagt er: »Ich spiele!«
Die drei anderen Spieler müssen diese Spielansage nun nacheinander gutheißen (oder durch eine Soloansage überbieten, aber darauf kommen wir ja später zurück). Gehen wir zunächst davon aus, die drei übrigen hätten kein überwältigendes Blatt. Der Reihe nach (und immer im Uhrzeigersinne) sagt nun einer nach dem andern: »Gut!« oder »Weiter!« Beide Aussagen bedeuten dasselbe. Damit haben sie das Spiel von Vorhand akzeptiert.
Es kommt natürlich häufig vor, daß der Spieler in Vorhand ein miserables Blatt auf die Hand bekommen und keine Aussicht auf Gewinn hat. Dann sagt er: »Ich passe!« oder »Weiter!«, und das bedeutet: Er will das Spiel nicht machen, sondern überläßt es einem anderen. Nun ist der nächste Spieler an der Reihe und kann erklären, ob er spielen oder passen möchte. Sobald jemand sagt: »Ich spiele!«, ist das Spiel angesagt und muß von den restlichen, die noch nichts gesagt haben, gutgeheißen werden. (Was geschieht, wenn alle vier Spieler passen oder zwei oder mehr ein Spiel ansagen wollen, wird an späterer Stelle beschrieben.)

Rufen eines Partners

Derjenige, der »Ich spiele!« sagte, muß das Spiel nun gewinnen, also mindestens 61 Augen in den Stichen erreichen. Verfehlt er dieses Ziel, so verliert er das Spiel.
Zur Erleichterung darf der Spieler sich einen Partner »rufen«, mit dem er gemeinsam versucht, möglichst viele Augen in den Stichen zu gewinnen. Gemeinsam heißt: Auch die Stiche des Partners zählen nun für den Spielansager; dafür teilen beide sich dann den Gewinn.
Man wählt seinen Partner danach, ob er eine bestimmte Karte hat, die man selbst nicht besitzt, die einem aber für den gemeinsamen Sieg erhebliche Dienste leisten könnte. Genaugenommen wählt man seinen Partner also nicht direkt, sondern auf dem Umweg über eine Karte: Man »ruft« ein As,

das man selbst nicht hat, sagt also zum Beispiel: »Eichel-As geht mit!« oder einfach »Eichel-As!« Der Besitzer dieses Asses wird nun der Partner des Spielers, er darf sich aber zunächst nicht zu erkennen geben. Erst im Laufe des Spiels stellt sich heraus, wer mit wem zusammenspielt, gewöhnlich dann, wenn das gerufene As zum Stich auf den Tisch gelegt wird.
Man kann nur Asse rufen, nichts anderes; es gibt dafür aber eine Einschränkung: Man darf nur das As einer Farbe rufen, von der man wenigstens eine Karte selbst auf der Hand hat. Über diese Regel darf man sich nicht hinwegsetzen.
Es kann nun vorkommen, daß jemand ein Spiel ansagen möchte und alle vier Asse besitzt oder zwei oder drei Asse und in den anderen Farben keine Karte. Was nun, da er ja kein »fremdes« As rufen darf, ohne nicht selbst wenigstens eine Karte der gerufenen Farbe zu haben? Er hat in diesem Falle drei Möglichkeiten: Entweder sagt er ein Solo an, wenn die Karten dafür ausreichend gut sind, oder er paßt, oder er ruft sich selbst. Auf die Solo-Ansage kommen wir etwas später zurück. Zur zweiten Möglichkeit: Der Spieler sagt zunächst: »Ich passe!« Mit großer Wahrscheinlichkeit wird nun ein anderer, der das Spiel übernimmt, eines der Asse rufen, die der »Passer« auf der Hand hält, und damit gehört er schließlich auf einem kleinen Umweg doch zur spielenden Partei. Und die dritte Möglichkeit: Der As-Besitzer sagt »Ich spiele!« und ruft dann sich selbst, das heißt, er ruft ein As, das er selbst auf der Hand hält. Er spielt nun ohne Partner, also im Grunde genommen eine Art heimliches Solo. Es wird aber als normales Rufspiel bewertet, und das bedeutet: Im Verlustfall ist es nicht so teuer zu bezahlen wie ein verlorenes Solo. Es sei aber noch einmal ganz deutlich gesagt: Diesen Ausweg, sich selbst zu rufen, darf man nur wählen, wenn man nicht die Möglichkeit hat, ein anderes As zu rufen. Wer also beispielsweise drei Asse auf der Hand haben sollte und in der vierten Farbe eine oder mehrere Karten besitzt, muß das As dieser vierten Farbe rufen.

Der Spielablauf im Rufspiel

Nachdem jemand ein Spiel angesagt und ein As gerufen hat, legt Vorhand die erste Karte zum ersten Stich auf den Tisch. Einerlei, wer spielt und was gespielt wird: Angespielt wird stets von Vorhand, dem Spieler links vom Geber. (Mit dem Geben wechselt also auch die Vorhand reihum.) Die übrigen drei Spieler legen nun der Reihe nach (im Uhrzeigersinn) je eine

Karte dazu. Vorwerfen ist nicht erlaubt. Legt jemand eine Karte hin, bevor er an der Reihe ist, hat er bei strengem Spiel sofort verloren.

Beim Stechen gilt als oberste Regel: Es muß Farbe bedient werden! (Was »Bedienen« heißt, ist im Kapitel »Allgemeines« beschrieben.) Wer dabei erwischt wird, daß er getrumpft oder eine Karte von anderer Farbe abgeworfen hat, obwohl er eine angespielte Farbe bedienen konnte, verliert das Spiel, auch wenn ein solcher Fehler sich erst bei einem späteren Stich herausstellen sollte.

Es sei noch einmal daran erinnert, daß die vier Ober und die vier Unter nicht zu den Farben, sondern zu den Trümpfen zählen. Wird also als erste Karte zu einem Stich eine Trumpfkarte ausgespielt, muß nach Möglichkeit mit einem Trumpf bedient werden, also entweder mit einer Herzkarte oder mit einem Ober oder einem Unter.

Wer nicht bedienen kann, darf eine beliebige andere Karte zum Stich hinzugeben. Er darf also beispielsweise mit einer Trumpfkarte stechen, muß dies aber nicht tun, wenn er nicht will; er kann statt dessen auch eine beliebige Karte einer anderen Farbe hinlegen.

Der Stich gehört stets dem, der in der angespielten Farbe die höchste Karte hingelegt hat, falls nicht getrumpft wurde. Wird getrumpft, gehört der Stich dem, der den einzigen oder unter mehreren den höchsten Trumpf geworfen hat.

Hat ein Spieler mehrere Karten der angespielten Farbe, darf er frei wählen, welche er in den Stich wirft. Er kann mit einer höheren einstechen oder mit einer niedrigeren darunterbleiben. Wer aber in einer angespielten Farbe das »gerufene« As besitzt, der muß es hinlegen, sobald diese Farbe zum erstenmal auf den Tisch kommt. Diese Regel muß unbedingt eingehalten werden. Mit diesem Zugeben des gerufenen Asses sind die Fronten nun endgültig geklärt. Jeder weiß jetzt, wer mit wem spielt. Die beiden Partner können nun ihre Stiche gemeinsam ablegen.

Zur Spieltaktik

Für den Spieler in Vorhand stellt sich die Frage: Welche Karte spiele ich zum ersten Stich aus? Das richtet sich ganz danach, in welcher Lage er sich befindet. Hat er selbst ein Spiel angesagt, so wird er gewöhnlich mit Trumpf anspielen, um die gegnerischen Trümpfe herauszulocken. Hat der Spieler in Vorhand kein Spiel angesagt, aber besitzt er das gerufene As, so wird er nach Möglichkeit ebenfalls Trumpf anspielen, um dem Partner die Möglichkeit zum Einstich und damit zur Spielübernahme zu bieten. Hat

der Spieler in Vorhand aber weder ein Spiel angesagt noch das gerufene As auf der Hand, wird er, wenn möglich, eine Karte der gerufenen Farbe anspielen, um möglichst rasch die Fronten zu klären. Denn nun muß ja der Besitzer des gerufenen Asses dieses sofort auf den Tisch legen, sobald er an der Reihe ist.
Das alles sind natürlich keine Regeln, sondern nur Empfehlungen. Ein Spielanfang kann also auch völlig anders aussehen. Dem Anfänger bieten solche Empfehlungen aber eine Starthilfe, und er wird gut daran tun, sich zunächst einmal daran zu halten, bis er aufgrund eigener Erfahrungen bessere Wege findet.

Spielende: Einfach, Schneider, Schwarz

Sobald alle acht Stiche gemacht sind, zählt jede Partei die Augen ihrer Stiche zusammen. Die spielende Partei muß nun wenigstens 61 Augen haben, um zu gewinnen. Mit 60 oder weniger Augen verliert sie. Das bedeutet: Die beiden Gegenspieler gewinnen bereits mit 60 Augen.
Hat eine der beiden Parteien nur 30 Augen oder weniger in ihren Stichen, ist sie »im Schneider«, das Spiel zählt dann doppelt. Hat eine Partei aber überhaupt keinen Stich gemacht, ist sie »schwarz« und verliert das Spiel in dreifacher Höhe. Ein einziger Stich mit null Augen genügt, um nicht schwarz zu sein.

Abrechnung

Gewöhnlich werden alle Spiele in Geld abgerechnet. Man schreibt also keine Spielergebnisse auf, sondern schließt jedes Einzelspiel durch sofortiges Bezahlen ab.
Jeder Spieler hat vor sich einen Teller mit Münzen aus der eigenen Tasche stehen; daraus bezahlt er verlorene Spiele. Ein fünfter Teller auf dem Tisch ist zunächst leer. Darin sammelt sich im Laufe des Abends die »Pinke«, die bei bestimmten Gelegenheiten von allen Spielern zu bezahlen ist (wir kommen darauf später zurück) und bei Solospielen als Extraprämie dem Gewinner zusteht.
Wir wollen aber zunächst die Abrechnung der Rufspiele erläutern. Die folgenden Abrechnungsbeispiele basieren auf einem Grundbetrag von fünf Pfennigen (»5–10–15«). Häufig wird aber auch schon mit einem Grundbetrag von zehn Pfennigen abgerechnet (»10–20–30«). Statt dessen kann man zu

Hause aber auch mit einem Pfennig oder mit Knöpfen oder Spielmarken abrechnen. Die Umrechnung dürfte nicht schwerfallen, wenn man erst einmal das System der Abrechnung durchschaut hat.
Gewinnt die spielansagende Partei »einfach« (also weder mit Schneider noch schwarz), so erhält jeder der beiden Spieler einmal den Grundbetrag von fünf Pfennigen. Ein Spieler der verlierenden Partei zahlt also fünf Pfennige an einen der beiden Gewinner, der zweite Verlierer zahlt denselben Betrag an den zweiten Gewinner.
Gewinnen die Spielansager mit Schneider, erhält jeder der beiden den doppelten Betrag, also zehn Pfennige, und stets einer von einem, der andere vom andern.
Gewinnen die Spieler gar mit schwarz, so erhält jeder den dreifachen Betrag, also 15 Pfennige.
Sollte die spielansagende Partei aber verlieren, so wird das Spiel genauso bewertet, aber bezahlen müssen nun die beiden Spieler: Verliert die Spielerpartei »einfach« (hat sie zwar weniger als 61, aber mehr als 30 Augen in den Stichen), muß jeder der beiden fünf Pfennige an einen der beiden Gegner bezahlen.
Bleiben die Spieler im Schneider, muß jeder der beiden zehn Pfennige berappen. Haben sie gar überhaupt keinen Stich und verlieren schwarz, bezahlt jeder 15 Pfennige.

Die Solospiele

Nachdem wir nun das Spiel in seiner einfachsten Form kennengelernt haben, können wir zu den Feinheiten übergehen, die Schafkopf so abwechslungsreich und unterhaltsam machen.
Als erstes seien hier die Solospiele beschrieben. Wie schon der Name besagt, spielt dabei einer allein (solo) gegen die drei anderen, muß aber ebenso wie beim Rufspiel mindestens 61 Augen in den Stichen bekommen, nun aber ohne die Mithilfe eines anderen. Zum Lohn dafür darf er, wenn er gewinnt, das Geld allein kassieren, und zwar einen wesentlich höheren Betrag als in einem Rufspiel. Allerdings: Verliert der Alleinspieler, muß er allein jeden der drei Gegner bezahlen, und das kann teuer werden. Weil das Risiko beim Solo erhöht ist, genießt der Solist gewisse Vorrechte, die es beim Spiel zu zweit nicht gibt. Das wichtigste Privileg: Er darf, wenn er es will, eine andere Farbe als Herz zum Trumpf machen. Man unterscheidet deshalb:

Trumpf-Solo. Hier verändert sich an der Reihenfolge der Trümpfe nichts, Herz bleibt Trumpf.
Farben-Solo. Ober und Unter bleiben die höchsten Trümpfe, es wird jedoch eine andere Farbe als Herz zum Trumpf erklärt.
Buben-Solo (»Wenz«). Hier sind nur die Buben (Unter) Trumpf.

Trumpf-Solo

Es liegt auf der Hand, daß jemand ohne Bedenken Solo spielen kann, der alle vier Ober und alle vier Unter auf die Hand bekommt. Er verfügt über die acht stärksten Trümpfe und gewinnt mit Sicherheit sämtliche acht Stiche. Ein solcher Glücksfall ist aber so selten, daß man das Ereignis an Stammtischen in einem Dokument festhält und zur Erinnerung an die Wand hängt. Ein Solo mit dieser Karte wird »Sie« genannt. Der glückliche Besitzer legt seine acht Karten sofort nach Erhalt auf den Tisch, man macht sich also gar nicht erst die Mühe zu stechen.
Man kann freilich auch mit einem weniger guten Blatt ein Solo gewinnen, braucht aber in jedem Falle einige der hohen Ober und Unter sowie ein gutes Beiblatt.
Mehr als beim Zweierspiel muß man beim Solo darauf achten, ob man in Vorhand sitzt und demnach das Vorrecht hat, die erste Karte zum ersten Stich auszuspielen. Dieses Vorrecht kann spielentscheidend sein. Dazu ein Beispiel. Jemand hat dieses Blatt:

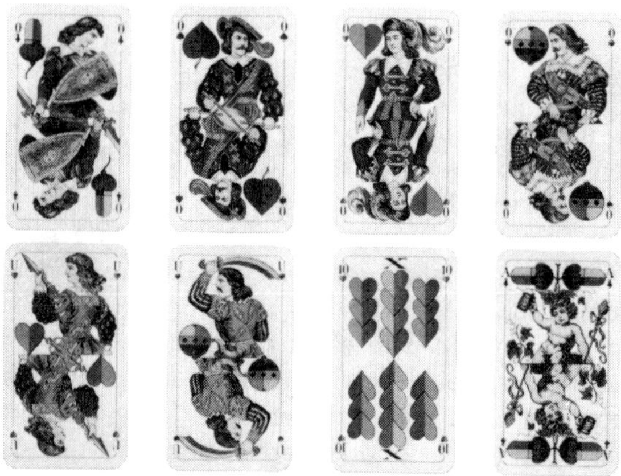

Er wird Trumpf-Solo spielen, also die übliche Trumpffarbe Herz nicht ändern. Sitzt er in Vorhand, kann er von Anfang an das Geschehen diktieren. Mit seinen vier höchsten Trümpfen kann er die Mehrzahl der sieben gegnerischen Trümpfe herauslocken und stechen; mit etwas Glück holt er damit sogar alle Trümpfe des Gegners ab. In diesem Falle müßte er überhaupt keinen Stich abgeben und würde mit »schwarz« gewinnen. Nur bei sehr unglücklicher Verteilung der Trümpfe bei den Gegnern (etwa alle in einer Hand) wäre das Spiel zu verlieren.

Anders sieht die Sache aus, wenn der Solist nicht in Vorhand sitzt. Er könnte folgendes Pech haben: Vorhand spielt Eichel-König aus, der Solist übernimmt den Stich mit dem Eichel-As, der dritte Spieler aber hat dummerweise keine Eichel-Karte und trumpft mit dem Herz-As, der vierte Spieler »schmiert« seine Eichel-Zehn — ein Stich, der den Gegnern 36 Augen einbringen würde, mehr als »die halbe Miete«.

Man muß also beachten: In Vorhand ist ein Solo in der Regel leichter zu spielen.

Farben-Solo

Um den Spielern die Entscheidung für ein Solo zu erleichtern, wird ihnen die Möglichkeit eingeräumt, auch eine andere als die Standard-Trumpffarbe Herz zum Trumpf zu erklären. Mit einem solchen Blatt zum Beispiel:

kann man ein Solo ansagen und die Farbe Grün zum Trumpf machen. Zwar könnte das Spiel riskant werden, wenn die übrigen Trümpfe beim Gegner ungünstig verteilt wären, etwa gar allesamt auf einer Hand säßen. Aber mit so großem Pech muß man ja nicht immer rechnen. Im Gegenteil: Wer jedes Risiko scheut und nur hundertprozentig sichere Spiele wagt, nimmt sich selbst viel von der Spannung und den andern viel von der Freude, die das Spiel bieten kann.

Wenz oder Buben-Solo

Außer Wechsel der Trumpffarbe hat ein Solospieler noch weitere Möglichkeiten, die in Rufspielen übliche Reihenfolge der Trümpfe zu verändern: Sagt er »Wenz!« an, so sind allein die vier Unter Trümpfe!
Die Ober verlieren in diesem Spiel ihre sonst überragende Rolle und sind nicht Trumpf. Sie werden zu ihren entsprechenden Farben geordnet und rangieren zwischen König und Neun. Außerdem wird auch keine der vier Farben Trumpf. Alle Herzkarten sind also normale Karten wie die Karten der übrigen Farben. Der »Wenz« hat also nur insgesamt vier Trümpfe: die Unter in ihrer bekannten Reihenfolge Eichel-Grün-Herz-Schelle.
Mit diesem Blatt:

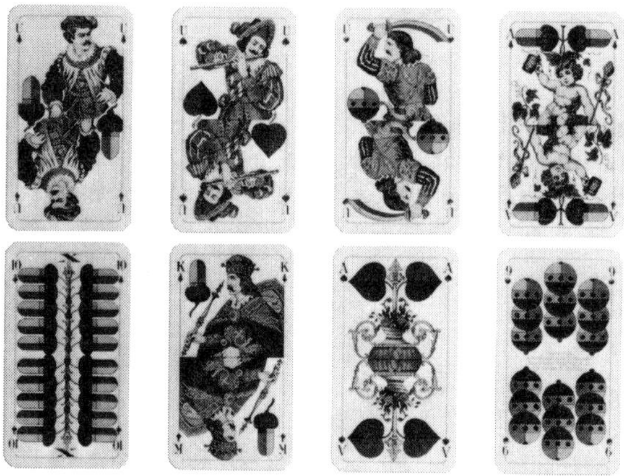

kann man weder ein Trumpf- noch ein Farb-Solo mit Sicherheit gewinnen, ein »Wenz« aber ist damit nicht zu verlieren. Man muß nur rechtzeitig genug den fehlenden Herz-Unter mit einem höheren Unter beim Gegner herauslocken und kann danach unbesorgt eine Eichel-Karte nach der anderen ausspielen. Lediglich ein Stich auf Schelle-Neun muß wahrscheinlich abgegeben werden.

Spielansage bei Solo

Bei der Ansage eines Solospiels ist zu beachten, daß ein Trumpf-Solo stets Vorrang hat vor einem Farben-Solo oder einem Wenz. Wollen also zwei Spieler Solo spielen und einer von beiden beläßt die Farbe Herz als Trumpf, so muß der zweite auf sein Solo verzichten. Wollen zwei Spieler ein Farben-Solo ansagen, so gilt die Reihenfolge:

Eichel als Trumpf geht vor Grün, Grün geht vor Schelle, Schelle vor Wenz.
Wie wir schon erfahren haben, erklärt zunächst der Spieler in Vorhand, ob er das Spiel machen will oder ob er paßt. Das geschieht immer und in jedem Falle zuerst. Vorhand hat also stets vor allen anderen das Recht, seine Absicht zu äußern. Dabei sagt er auch dann, wenn er ein Solo beabsichtigt, zunächst nur: »Ich spiele!«, läßt also alle Möglichkeiten offen.
Nach dieser Erklärung antworten die anderen Spieler der Reihe nach gewöhnlich mit »Gut!« oder »Weiter!« und akzeptieren damit die Spielübernahme von Vorhand, der nun »rufen« oder ein Solo ansagen kann; in letzterem Falle erklärt er zum Beispiel: »Farbsolo!« oder »Trumpfsolo!«
Hat aber jemand zugleich mit Vorhand ein gutes Blatt, so entgegnet er nicht mit »Weiter!«, sondern sagt: »Ich spiele auch!« oder »Ich spiele mit!« Beides bedeutet dasselbe. Eine solche Entgegnung schließt aber nun das Rufspiel bereits aus, das heißt: Ein folgender Spieler darf einer vorherigen Spielansage nur dann etwas entgegensetzen, wenn er sie überbieten, also Solo spielen kann.
Hat nun der Spieler in Vorhand nur ein mittelmäßiges Blatt und hätte einen Partner rufen müssen, sagt er »Gut!« und akzeptiert damit das Solo des anderen. Will er aber seinerseits Solo spielen, so erklärt er, nachdem die übrigen Spieler gepaßt haben, zum Beispiel: »Farbsolo!« Der andere Spieler kann jetzt nur noch überbieten, wenn er eine höherwertige Farbe zum Trumpf machen oder ein Trumpf-Solo spielen kann. Kann er das nicht, muß er die Waffen strecken und das Solo von Vorhand akzeptieren.
Hat Vorhand von vornherein gepaßt, so geht sein Recht der ersten Spielerklärung auf seinen linken Nachbarn über. Der weitere Ablauf ist aber derselbe.
Es kann auch vorkommen, daß nur ein Spieler paßt und die drei anderen ihre Spielbereitschaft erklären. Dann gilt ebenfalls die schon erwähnte Reihenfolge: Trumpf-Solo geht vor Farben-Solo und Wenz, unter Farben-Solos hat Eichel Vorrang vor Grün, Grün vor Schelle, ein Farben-Solo hat Vorrang vor einem Wenz.

Spielablauf bei Solo

An dem bereits für das Rufspiel beschriebenen Ablauf ändert sich im Grunde nichts. Auch beim Solospiel legt der Spieler in Vorhand stets die erste Karte zum ersten Stich hin. Es muß Farbe bedient werden, und wer nicht bedienen kann, darf mit Trumpf stechen, muß es aber nicht, wenn er nicht möchte.

Die drei Gegner des Solisten spielen nun zusammen, versuchen also, einander möglichst viele hohe Zählkarten (Asse und Zehner) zu »schmieren«, um den Sieg des Solospielers zu verhindern.

»Sie« und »Du« im Solospiel

Was ein »Sie« ist, wurde schon gesagt: Der seltene Glücksfall eines Solospiels mit den acht höchsten Trümpfen, den vier Obern und vier Untern also.

Aber auch ohne im Besitz aller acht Spitzentrümpfe zu sein, kann man ein Solo »schwarz« gewinnen, also sämtliche Stiche machen, zum Beispiel mit einem solchen Blatt:

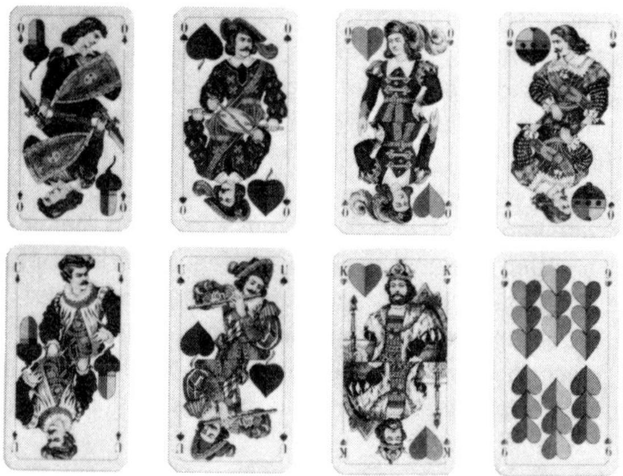

Es müßte mit dem Teufel zugehen, wenn man mit einem solchen Sonntags-Blatt in Vorhand auch nur einen einzigen Stich abgeben müßte, denn: Man hat die sechs höchsten Trümpfe auf der Hand, und die Gegner haben zusammen nur insgesamt sechs Trümpfe. Sie könnten also sogar auf einer Hand versammelt sein, man würde dennoch gewinnen und keinen Stich abgeben.

In einem solchen Falle sagt man vor dem ersten Ausspiel »Herz-Solo Du!« an, wobei der Zusatz »Du« bedeutet: Schwarz! »Du« ist die eingedeutschte Form des französischen »tout« (= alle). Der Gegner darf nun keinen einzigen Stich machen. Muß der Solospieler aber einen Stich abgeben, und sei es einer mit null Augen, so verliert er das ganze Spiel.

Die Ansagen »Du« und »Sie« erhöhen den Spielwert um eine weitere Stufe (neben Schneider und schwarz), so daß es sich lohnt, bei einem sicheren Spiel vorher zu verkünden, daß die Gegner keinen Stich machen werden.

Abrechnung der Solospiele

Der Grundbetrag von fünf Pfennigen wird für Farben-Solos und Wenz vervierfacht, für Trumpf-Solo verfünffacht. Man bezahlt die Spiele demnach so:

Gewinnt der Solist einfach (nicht mit Schneider), so erhält er nach Farben-Solo oder Wenz von jedem der drei Gegner 4 x 5 = 20 Pfennige, insgesamt also 60 Pfennige; für ein gewonnenes Trumpfsolo erhält er von jedem 5 x 5 = 25 Pfennige, insgesamt 75 Pfennige.

Für ein mit »Schneider« gewonnenes Solo werden diese Beträge verdoppelt, bei »schwarz« verdreifacht, bei angesagtem schwarz »Du« vervierfacht, bei »Sie« verfünffacht. Ein erfolgreiches »Herz-Solo Du« bringt also drei Mark ein. Es kommt aber auch selten genug vor!

Verliert der Solospieler aber, muß er jeden seiner drei Gegner bezahlen. Der Solo-Verlierer bezahlt also an jeden seiner drei Gegner den gleichen Betrag, den er im Gewinnfalle von jedem erhalten hätte.

Zusätzlich zu dieser Abrechnung untereinander wird bei Solospielen noch die »Pinke« verteilt oder verdoppelt. Was das bedeutet und wie das geschieht, wird im Anschluß erläutert.

Die »Pinke«

Es kommt gelegentlich vor, daß nach dem Geben alle vier Spieler »passen«, also niemand sagt: »Ich spiele!« In diesem Falle werden die Karten zusammengeworfen, und der nächste mischt, läßt abheben und gibt erneut aus. Zuvor jedoch muß jeder Spieler den Grundbetrag (in unseren Beispielen also fünf Pfennige) auf den zu Anfang leeren fünften Teller legen. Hier bildet sich nach und nach eine gemeinsame Kasse, die »Pinke«.

Sobald jemand ein Solo gewonnen hat, darf er den Betrag, der sich in der Pinke angesammelt hat, zusätzlich zur üblichen Bezahlung an sich nehmen. Danach sammelt sich dann eine neue Pinke an.

Verliert aber jemand ein Solospiel, so muß er nicht nur die drei Gegner bezahlen, sondern zusätzlich den Betrag der Pinke verdoppeln.

Werden also längere Zeit keine Solos gespielt, aber häufig die Karten zusammengeworfen, so sammelt sich in der Pinke eine stattliche Summe, die einerseits Wagemutige zum Solo reizt, andererseits Ängstliche davon abhält, weil ein verlorenes Solo nun ein recht teures Spiel werden kann.

Kontra und Rekontra

Gewöhnlich sagt derjenige ein Spiel an, der glaubt, allein oder mit einem Partner zusammen wenigstens 61 Augen in den Stichen zu erzielen. Ist nun jemand aus der Gegenpartei aufgrund seiner eigenen Karten der Meinung, daß der Spieler oder die spielende Partei dieses Ziel nicht erreichen wird, kann er »Kontra« sagen (oder »Stoßen«, wie es gelegentlich noch unter Schafkopfern heißt).

Durch eine solche Kampfansage wird das Spiel doppelt bewertet, aber nicht nur das: Es wird gewissermaßen auch umgedreht. Nun ist nämlich die Kontra-Partei die spielführende und muß gewinnen. Das heißt: Sie muß mindestens 61 Augen erreichen, um mit dem Kontra erfolgreich zu bleiben. Der spielansagenden Partei genügen nun 60 Augen zum Sieg.

Man findet deshalb häufig, daß jemand, der in der Solo-Ansage unterlag, dem Solisten Kontra bietet, um auf diese Weise doch noch zum Spiel zu kommen. Allerdings: Ein Solo spielt er dabei dennoch nicht, denn sollte er sein Kontra gewinnen, teilt er sich den Gewinn mit den beiden anderen Spielern. Außerdem muß bei Kontra-Ansage das vom Solospieler oder der spielenden Partei angesagte Spiel durchgeführt werden. Der Kontrasager darf also nicht etwa eine andere Farbe zum Trumpf wählen.

Gewinnt die spielende Partei trotz Kontra, erhält sie von den Gegnern das Doppelte des Betrags, der ohne Kontra fällig gewesen wäre, bei einfach gewonnenem Rufspiel also zehn Pfennige pro Spieler, bei Schneider 20 Pfennige, bei Schwarz 30 Pfennige. Gewinnt ein Solist trotz Kontra, erhält er von jedem Gegner bei Farben-Solo oder Wenz 40 Pfennige, bei Trumpf-Solo 50 Pfennige, für Schneider, Schwarz oder Du entsprechend mehr.

Verliert der Spieler oder die Spielpartei aber, müssen sie den Kontrasagern das Doppelte des Normalsatzes bezahlen: zehn Pfennige an jeden bei einfach verlorenem Rufspiel, 20 Pfennige bei Schneider, 30 Pfennige bei Schwarz. Entsprechend 40 Pfennige an jeden bei verlorenem Farben-Solo oder Wenz, 50 Pfennige an jeden bei verlorenem Trumpf-Solo.

Die Kampfansage »Kontra!« kann der Spieler mit »Rekontra!« (»Gegenstoß«) erwidern, wenn er überzeugt ist, daß er gewinnen wird. Bei Rufspielen wird dieses »Re!« gewöhnlich der Partner des Spielers sagen, der sich damit zu erkennen gibt, bevor das gerufene As auf den Tisch gelegt werden muß. Ein rekontriertes Spiel gilt nun nicht nur doppelt, sondern vierfach. Wie bei Skat wird auch bei Schafkopf das Spiel gelegentlich noch weiter in die Höhe getrieben, indem man »Bock«, »Supp« (Supra), »Hirsch«, »Sau« und alle möglichen anderen Tiere des Waldes anruft. Bei

jeder dieser Steigerungsstufen wird das Spielergebnis mit zwei multipliziert, das bedeutet: bei Kontra doppelt, bei Re vierfach, bei Bock achtfach, bei Supp sechzehnfach und so weiter. Eine solche Inflation sollte möglichst vermieden werden. Kontra und Re sind gewöhnlich genug.
Sowohl Kontra als auch Re und alle anderen Steigerungsstufen müssen spätestens beim Ausspiel der ersten Karte zum ersten Stich angesagt werden. In manchen Spielrunden ist es erlaubt, Kontra anzusagen, solange man »volles Blatt« hat, also selbst noch keine Karte zum ersten Stich gelegt hat.

Bockrunden

Ist ein Kontra erfolgreich, verliert also der Solospieler oder die spielende Partei, wird eine Bockrunde ausgerufen, das heißt: Die folgenden vier Spiele zählen von vornherein doppelt, mit anderen Worten: Der Grundbetrag wird von fünf auf zehn Pfennige erhöht.
Zum Zeichen der Bockrunde werden vier Münzen aus der »Pinke« untereinander auf den Tisch gelegt. Sobald ein Spiel der Bockrunde absolviert ist, wandert eine Münze wieder zurück auf den Pinke-Teller.
Sollte mitten in einer Bockrunde erneut ein Kontra von Erfolg sein, werden vier weitere Münzen zum Zeichen einer zusätzlichen Bockrunde ausgelegt, wobei eventuelle Restspiele der vorherigen Bockrunde nun zum Doppelbock werden: Sie zählen doppelt doppelt, der Grundbetrag vervierfacht sich also auf 20 Pfennige.
Eine Bockrunde ist in jedem Falle fällig, wenn Re oder eine höhere Steigerungsstufe angesagt worden ist, einerlei, welche Partei das Spiel gewinnt.

Extraprämie für Spitzen („Laufende")

Die höchsten Trümpfe in ununterbrochener Reihenfolge nennt man »Spitzen« oder »Laufende«. Hat also jemand den Eichel-Ober und den Grün-Ober auf der Hand, aber nicht den dritten, den Herz-Ober, so besitzt er zwei »Laufende«, einerlei, welche Trümpfe er sonst noch haben mag. Eichel-Ober, Grün-Ober und Herz-Ober sind, wenn sie beisammen sind, drei »Laufende« — und so weiter.
Es ist nun im Schafkopf üblich, für solche laufenden Spitzen eine Extraprämie zu bezahlen, sofern wenigstens die drei höchsten Ober auf einer

Hand oder bei einer Partei vereint sind. Für eine oder zwei »Laufende« wird also nichts bezahlt, ab drei »Laufenden« jedoch der Grundbetrag von fünf Pfennigen pro Spitze. Dabei spielt es keine Rolle, ob die »Laufenden« bei der gewinnenden oder der verlierenden Partei saßen, mit anderen Worten: Es ist einerlei, ob die Gewinner »mit Spitzen« oder »ohne Spitzen« gespielt haben; sie erhalten in jedem Falle die Prämie.
Die Prämie wird bezahlt für jeden Ober und jeden Unter, den eine Partei von oben herab in ununterbrochener (laufender) Reihenfolge besitzt. Der Höchstsatz kann also für acht »Laufende« bezahlt werden, was bei fünf Pfennigen pro Spitze 40 Pfennige ausmacht, die zusätzlich zum normalen Gewinn ausbezahlt werden.
Wird ein Spielergebnis durch Steigerungsstufen verdoppelt oder vervierfacht, so wird die Prämie für »Laufende« in diese Vervielfältigung mit eingeschlossen. Ein Beispiel: Ein Rufspiel mit vier Spitzen (alle vier Ober bei der spielenden Partei, der höchste Unter aber bei den Gegnern), einfach gewonnen bei Kontra und Re, bringt jedem der beiden Gewinner eine Mark ein, nämlich: fünf Pfennige als Grundbetrag für den einfachen Gewinn, 20 Pfennige für die vier Spitzen, das ganze vervierfacht wegen Kontra und Re.

Davonspielen

An früherer Stelle haben wir erfahren, daß jemand ein gerufenes As sofort auf den Tisch legen muß, sobald die entsprechende Farbe angespielt wird und der Besitzer des Asses an der Reihe ist, eine Karte hinzuzugeben. Dabei kann es passieren, daß dieses As von der Gegenpartei weggestochen wird, vor allem dann, wenn der Rufer und der Gerufene mehrere Karten dieser Farbe auf der Hand haben.
Um dieser Gefahr zu entgehen, darf der As-Besitzer sich unter besonderen Umständen »davonspielen«, das heißt: Sollte er ans Ausspiel kommen, darf er andere Karten der gerufenen Farbe spielen, um dem Partner die Möglichkeit zu bieten, in dieser Farbe frei zu werden, so daß auch er später das gerufene As mit Trumpf stechen kann. Dieses Davonspielen ist aber nur erlaubt, wenn der Partner das gerufene As wenigstens »zu viert« hat, das heißt, wenn er außer dem As noch weitere drei Karten in derselben Farbe auf der Hand hat.

Weitere Sonderregeln

Damit sind die Grundregeln und die wichtigsten Sonderregeln des Schafkopfspiels beschrieben. Man darf davon ausgehen, daß örtliche Abweichungen von den bisher erläuterten Regeln gering sind.
Alle im folgenden aufgeführten Sonderregeln aber können nicht mehr als allgemein üblich gelten, das heißt: Wir kommen nun mitten in das Gebiet des Schafkopf-Spiels, an dessen Rande wir uns schon eine Zeitlang bewegt hatten und wo es nur noch »Kann-Regeln« gibt: Man kann sie befolgen, muß es aber nicht. Es bedarf also vorheriger Vereinbarung, welche dieser Zusatzregeln Gültigkeit haben sollen und welche nicht.
Allen, die Schafkopf im Familien- oder Freundeskreis lernen möchten, sei empfohlen, zunächst eine Weile ohne eine der folgenden zusätzlichen Regeln zu spielen, bis die Grundkenntnisse und der normale Spielablauf beherrscht werden. Danach probiert man mal die eine, mal die andere zusätzliche Bestimmung aus und übernimmt, was einem gefällt, oder vergißt, was einem nicht zusagt.

Das Spiel mit der kurzen Karte

An den Anfang wollen wir eine Zusatzregel stellen, die wohl am weitesten verbreitet sein dürfte: Man spielt mit 24 statt 32 Karten. Unter fortgeschrittenen Schafkopfern ist dieses Spiel mit der »kurzen« oder »scharfen« Karte allgemein üblich.
Man entfernt aus dem Kartenspiel alle Siebener und Achter, so daß Neun der niederste Wert jeder Farbe wird. Jeder Spieler erhält nun nur noch sechs statt acht Karten, gewöhnlich in zwei Raten zu je drei Stück.
Dem Ungeübten mag diese Veränderung gering erscheinen, in Wirklichkeit bringt sie aber große Umstellungen mit sich. Man bedenke nur: Jede der drei Nichttrumpf-Farben Eichel, Grün und Schelle besteht jetzt nur noch aus vier Karten, nämlich As, Zehn, König und Neun. Das bedeutet: Nur im günstigsten Falle, wenn nämlich jeder der vier Spieler je eine Karte davon auf der Hand hat, »läuft« diese Farbe überhaupt einmal, das heißt, wird nicht sofort durch Trumpf weggestochen, weil sie von irgendwem nicht mehr bedient werden kann. Und des weiteren: Den zwölf Karten der drei Farben stehen nun zwölf Trümpfe gegenüber, während zuvor das Verhältnis 18 : 14 war. Und: Wer bei acht Karten lauter Trümpfe auf der Hand hatte, mußte nur mit sechs weiteren Trümpfen bei den anderen Spielern rechnen. Wer bei sechs Karten lauter Trümpfe hat, verfügt nur über die Hälfte sämtlicher Trumpfkarten.

Das Spiel mit der kurzen Karte bedeutet also weit mehr als nur eine Verringerung der Karten- und Stichzahl. Da nur Karten mit null Augen entfernt wurden, ändert sich natürlich am Spielziel nichts: Nach wie vor gehören wenigstens 61 Augen zum Sieg.

Weitere Verdopplungen

An manchen Stammtischen ist es üblich, daß man sich gewissermaßen selbst ein Kontra geben darf, das heißt: Man darf den Spielwert verdoppeln, wenn man ein besonders aussichtsreiches Blatt auf die Hand bekommt, genauer gesagt: zu bekommen hofft, denn man muß verdoppeln, solange man höchstens die Hälfte seiner Karten angesehen hat. Beim Spiel mit der normalen Karte muß man demnach verdoppelt haben, ehe man die fünfte Karte zur Hand nimmt, beim Spiel mit der kurzen Karte vor der vierten.

Zum Zeichen des Verdoppelns legt man eine Münze aus seinem Teller deutlich vor sich auf den Tisch. Es können auch mehrere im selben Spiel verdoppeln. Haben jedoch zwei Spieler verdoppelt, die im weiteren Verlauf des Spiels Partner werden, so gilt nur eine der Verdopplungen. Um sicherzugehen, daß zwei Verdopplungen in Kraft treten, müssen also wenigstens drei Spieler diese Absicht kundtun.

Diese Verdopplungen beziehungsweise Vervierfachungen werden zusätzlich zu allen anderen Berechnungen bewertet, also auch zusätzlich zu Vervielfältigungen aus Kontra-Ansagen und eventuellen weiteren Steigerungen.

In den Berechnungen wird zunächst stets der Grundbetrag für Rufspiel oder Solo auf die Gewinnstufen einfach, Schneider, Schwarz, Du oder Sie erhöht, danach werden eventuelle Prämien für »Laufende« hinzugerechnet, und dann erst treten die Multiplikatoren in Aktion.

Mußspiele

Wir haben beschrieben, daß ein Spiel zusammengeworfen wird, wenn alle vier Spieler passen, also niemand seine Spielbereitschaft erklärt. Statt Zusammenwerfen der Karten und Bezahlen der Pinke wird mitunter ein anderes Verfahren gewählt: Nun muß derjenige das Spiel übernehmen, der den höchsten Trumpf hat, also den Eichel-Ober. Weil er zum Spiel gezwungen ist, genießt er gewisse Vorrechte: Er muß nur spielen, wenn er den Eichel-Ober wenigstens zu dritt hat, also noch zwei weitere Trümpfe besitzt. Ist das nicht der Fall, darf er die Karten hinwerfen und neues Geben verlangen oder »Ramsch« ansagen (darauf kommen wir gleich zurück). Hat er jedoch den höchsten »Alten« wenigstens zu dritt, muß er ganz normal spielen. Er darf nun aber ein As rufen, in dessen Farbe er keine Karte besitzt. Gewöhnlich muß er das aber besonders ankündigen, indem er dem Ruf nach dem As den Zusatz »unbekannt!« oder »renonce!« anhängt (renoncer bedeutet im Französischen: eine Farbe nicht bedienen können). Das wird aber nicht allgemein verlangt. Ebenso muß vereinbart werden, ob der Mußspieler in jedem Falle »unbekannt« rufen darf oder nur dann, wenn er keine andere Möglichkeit hat, also keine Farbe besitzt, in der ihm ein As fehlt.

Eine weitere Begünstigung: Der Mußspieler und sein Partner haben bereits mit 60 Augen gewonnen und nicht erst mit 61, die sonst zum Sieg nötig sind.

Und drittens: Gegen ein Mußspiel darf nicht Kontra gesagt werden.

Wenn Mußspiele vereinbart werden, fällt die Einrichtung der Pinke gewöhnlich fort. Als einen Ausgleich dafür kann man die Ramschspiele ansehen.

Ramsch

Wenn jemand zu einem Mußspiel verpflichtet ist, den Eichel-Ober aber höchstens zu zweit hat, kann er das Spiel hinwerfen und neues Geben verlangen. Mitunter wird in einem solchen Falle aber auch so verfahren: Der Spieler kann nun »Ramsch« ansagen. Nun spielt jeder gegen jeden und nur für sich allein. Es kommt aber darauf an, möglichst wenig Augen in den Stichen zu erhalten, denn: Wer die meisten Augen bekommt, der verliert.

Die Trümpfe und ihre Reihenfolge verändern sich nicht, sind also gleich wie beim Rufspiel. Mit diesem Ramschspiel wird folglich derjenige bestraft, der trotz einigermaßen guter Karte »gemauert«, also kein Spiel angesagt hat. Der Verlierer des Ramschspiels bezahlt den dreifachen Grundbetrag für Trumpf-Solo (in unseren Beispielen also 3 × 25 Pfennig) an jeden der drei anderen. Hat jedoch ein Spieler überhaupt keinen Stich gemacht, so muß der Verlierer doppelt bezahlen. Gelingt es jemandem aber, sämtliche Stiche zu machen, so ist er der Gewinner, und das Spiel wird ihm wie ein mit Schwarz gewonnenes Trumpf-Solo bezahlt. Mancherorts ist es dem Mußspieler in jedem Falle gestattet, statt einem Rufspiel Ramsch anzusagen, also auch dann, wenn er zum Eichel-Ober mehr als nur eine weitere Trumpfkarte auf der Hand haben sollte.

Zwangs-Solo: Schieber

In manchen Gegenden wird vereinbart, daß jeder Spieler in einer bestimmten Frist eine bestimmte Anzahl von Solos ansagen muß, zum Beispiel: Ein Solo pro Spielstunde. Ist die festgesetzte Frist nun abgelaufen, muß jeder,

der mit seinem Pflicht-Solo in Rückstand ist, ein Zwangs-Solo spielen, einerlei, welche Karte er nun auf die Hand bekommt.
Um diese Strafe etwas zu mildern, wird das Zwangs-Solo oft in der Form des Schiebe-Solos gespielt: Der Solist erhält vom Kartengeber vorab die zwei Alten, also die beiden höchsten Trümpfe Eichel-Ober und Grün-Ober. Danach wird wie üblich gegeben, also zweimal vier Karten an jeden. Für den Geber bleiben nun allerdings nur sechs Karten übrig, da der Zwangs-Solist ja zehn Karten erhalten hat. Der Solist legt nun zwei Karten aus seiner Hand, die ihm nicht gefallen, verdeckt ab, also mit den Rückseiten nach oben, und schiebt sie seinem linken Nachbarn zu. Der nimmt sie auf und schiebt seinerseits zwei Karten weiter, bis schließlich der Geber zwei geschobene Karten aufnimmt und damit die nötigen acht Karten zum Spiel auf der Hand hat.
Nun sagt der Solist sein Solo an (Trumpf, Farbe oder Wenz), und es wird gespielt wie beim normalen Solo. Ob gegen ein Zwangs-Solo Kontra zulässig ist muß vorher vereinbart werden.
Mitunter werden zum Gaudium auch ganze Schieberunden vereinbart, beispielsweise nach jedem Solo. Ihm folgen dann also vier Spiele, in denen geschoben wird, aber nur Solo angesagt werden darf. Hier erhält Vorhand beim Geben zum Schluß die beiden letzten Karten zusätzlich und beginnt mit dem Schieben. Oft wird dann Ramsch gespielt, weil niemand ein Solo ansagen kann.

Schafkopf in anderer Spielart

Mitunter wird Schafkopf in einer etwas anderen Form gespielt, die starke Einflüsse von Doppelkopf zeigt. Die Änderung betrifft vor allem die Spielansage.
In den meisten Fällen sind die beiden »Alten« auf zwei Spieler verteilt: Irgendwer hat unter seinen Karten den Eichel-Ober, ein anderer den Ober in Grün. Diese beiden spielen bei dieser Schafkopf-Variante in der Regel zusammen. Sie wissen es nur zu Beginn noch nicht, denn niemand verrät, ob er einen Alten hat oder gar beide oder überhaupt keinen. Die sonst übliche Ansage »Ich spiele!« entfällt hier also. Man weiß zu Beginn eben nur:
a) Wenn ich den Eichel-Ober auf die Hand bekommen habe, bin ich der Hauptspieler. Irgendeiner der drei anderen wird mein Partner, und ich muß ihn auf irgendeine Weise durch seine Art des Ausspiels oder Zugebens von Karten finden, damit wir zusammenspielen können.
b) Ich habe den Eichel-Ober nicht, dafür aber den zweiten Alten, den Grün-

Ober. Irgendeiner der drei anderen hat also den höchsten Trumpf und wird mein Partner. Ich werde versuchen, mich dem Partner sobald wie möglich zu erkennen zu geben, darf das aber nur durch das Spiel, niemals mündlich verraten.

c) Ich habe weder Eichel- noch Grün-Ober, spiele also »gegen die Alten«. Ich muß zunächst abwarten, bis geklärt ist, wer mit wem zusammenspielt.

Das Finden der Partner: Nach dem Geben spielt Vorhand (falls niemand »Solo!« ansagte) ohne jede weitere Erklärung die erste Karte zum ersten Stich aus. Es muß wie gewohnt bedient werden, und es muß nicht trumpfen, wer nicht bedienen kann. Für Vorhand gibt es, grob gesagt, zwei Möglichkeiten für das Ausspiel: Entweder hat er einen der beiden Alten, oder er hat keinen. Gehen wir beide Möglichkeiten einmal durch.

a) Vorhand hat einen der beiden Alten. Er spielt nun gewöhnlich mit Trumpf an, und da er weiß, daß niemand höher stechen kann als sein Partner, wählt er einen möglichst »fetten« Trumpf, also beispielsweise das Herz-As oder die Herz-Zehn. Der noch unbekannte Partner wird diesen ersten Stich mit der höchstnötigen Trumpfkarte übernehmen. Gewöhnlich sticht er mit dem Alten, vor allem, wenn er nahe bei Vorhand sitzt und nicht weiß, welche Trümpfe auf den Händen der Gegner sitzen. Ist er aber beispielsweise der Geber und legt somit die vierte Karte zum ersten Stich hin, sticht er nur so hoch wie nötig ein, um den Stich zu sichern. Er spart sich den Alten nun für einen späteren Stich auf. Der so gefundene Partner spielt nun zum zweiten Stich aus und wählt dazu gewöhnlich und womöglich noch einmal Trumpf.

Sollte Vorhand außer dem Alten nur Trümpfe von geringem Zählwert haben, kann er das Verfahren auch umdrehen: Er spielt als erste Karte den Alten und wartet ab, wer ihm darauf einen Trumpf mit hohem Zählwert »schmiert«; in der Mehrzahl der Fälle ist der »Schmierer« der Partner (falls nicht ein Gegner geblufft hat oder keine andere Wahl hatte).

b) Vorhand hat keinen Alten. In diesem Falle wird er gewöhnlich nicht mit Trumpf beginnen, sondern mit einer anderen Farbe. Er wird natürlich versuchen, gleich diesen ersten Stich für sich und seine Partei zu gewinnen und dabei viele Augen zu erhalten. Er spielt also möglichst ein As aus (nur nicht das Trumpf-As!), von dem er hofft, daß es ihm niemand wegsticht. Ein »blankes« As etwa (von dessen Farbe man keine andere Karte auf der Hand hat), wird vermutlich »laufen«, also nicht gleich von Trumpf weggestochen werden. Wer nur Asse hat, die vermutlich weggetrumpft werden, muß eben nach Gefühl ausspielen. Sollte er stark in Trumpf sein, kann er auch Trumpf wählen und damit die Partei der Alten zwingen, Farbe zu bekennen.

Beide Alten auf einer Hand: Wir gingen bisher davon aus, daß die beiden

Alten verteilt sind, wie es ja häufig der Fall ist. Oft genug freilich sind beide Alten auf einer Hand. Der glückliche Besitzer hat nun zwei Möglichkeiten: Er ruft einen Partner oder spielt ein Solo, wobei in letzterem Falle als hübsche Variante ein »stilles« (heimliches, also nicht angesagtes) Solo möglich ist.

a) Rufen eines Partners: Man wählt nicht eine Person, sondern eine bestimmte Karte. Der Besitzer der Karte wird Partner. Man ruft ein As, das man nicht hat, von dessen Farbe man aber wenigstens eine Karte auf der Hand haben muß. Ist das nicht möglich, so überläßt man die Partnerwahl dem Zufall und sagt: »Der erste fremde Stich geht mit!« Das bedeutet: Derjenige der drei übrigen Spieler, der als erster einen Stich heimbringen kann, wird Partner.

b) Solo: Wer ausreichend starke Karten hat, um ohne Partner auf wenigstens 61 Augen zu kommen, kann ein Solo ansagen. Er muß das (wie beim Rufen eines Partners) tun, bevor er seine erste Karte hinlegt. Dabei kann er, wie bekannt, wählen zwischen Trumpf-Solo, Farben-Solo oder Wenz. An der Spielweise ändert sich nichts.

c) »Heimliches« oder »stilles« Solo: Wenn man beide Alten auf der Hand hat, weiß das ja zunächst niemand außer einem selbst. Statt nun ein As oder den ersten fremden Stich zu rufen, sagt man überhaupt nichts. Die drei übrigen Spieler sind nun eine Zeitlang der Meinung, die beiden Alten seien verteilt und müßten sich finden, spielen vorsichtig, warten auf das Fallen eines Alten, während der stille Solist sich ins Fäustchen lacht. Beim stillen Solo muß natürlich Herz Trumpf bleiben, da keine Ansage erfolgt. Erfahrene Spieler merken freilich bald, wie der Hase läuft und lassen sich von einem heimlichen Solo nicht aufs Glatteis führen.

Bei dieser dem Doppelkopf sehr ähnlichen Spielvariante von Schafkopf hält man sich am Spielanfang am besten an folgende Empfehlung: Jeder spielt zunächst (ehe die Fronten klar sind) so, als würde er nur auf eigene Rechnung spielen, nur für sich allein.

Doppelkopf

Der Name Doppelkopf ist abgekürzt aus Doppel-Schafkopf. Das Spiel ist also gewissermaßen eine Art Schafkopf mit doppeltem Blatt: Jeder Kartenwert ist hier zweimal vorhanden. Es wird heute vor allem in Norddeutschland gespielt, hat aber auch anderswo begeisterte Freunde. Wegen der größeren Kartenzahl und dank vieler Varianten ist es ganz anders zu spielen als Schafkopf.
Doppelkopf ist eines der amüsantesten unter den großen Kartenspielen. Es eignet sich besser zum Familienspiel als Schafkopf.
Auch für Doppelkopf gibt es keine feststehenden Regeln. Es wird in vielen Varianten gespielt. Die folgende Beschreibung beruht auf der Spielweise, die im Oldenburger Land üblich ist. Variationen werden anschließend erwähnt.

Das Ziel des Spiels

Um Sie in das Spiel einzuführen, wollen wir Schritt für Schritt vorgehen. Vorab jedoch sei erklärt, worum es eigentlich geht: Jeder Spieler erhält eine bestimmte Anzahl von Karten, und damit werden Stiche gemacht. Wie das im einzelnen abläuft, ist ausführlich im Kapitel »Der weitere Spielablauf« beschrieben. Alle Karten zusammen haben einen Punktwert von 240 Augen, und um diese Punktzahl geht es. Um zu gewinnen, muß ein Spieler allein oder zusammen mit einem Partner mehr als die Hälfte aller Augen in seinen Stichen »einheimsen«, also mindestens 121 Augen.
Wenn alle Stiche gemacht sind, werden die Augen jeder Partei gezählt, um den Gewinner zu ermitteln. Dann werden alle Karten gemischt und für ein neues Spiel ausgegeben. Ein Spielabend setzt sich aus einer ganzen Reihe solcher Einzelspiele zusammen. Sieger ist schließlich, wer möglichst viele Spiele mit möglichst hoher Bewertung gewonnen hat. Nicht jedes Spiel nämlich wird gleich hoch bewertet, da gibt es erhebliche Unterschiede. Aber darauf kommen wir im Laufe der Beschreibung zurück.

Man spielt gewöhnlich um Geld, um geringe Einsätze, zum Beispiel um einen Grundbetrag von fünf Pfennigen, der sich je nach Höhe der Spielbewertung verdoppeln oder auch vervielfachen kann. Wer im Familienkreise nicht um schnöden Mammon spielen möchte, kann die Ergebnisse der Einzelspiele ebensogut mit Spielmarken oder Streichhölzern oder Knöpfen abrechnen. Man kann die Resultate auch auf einem Zettel notieren, aber das unmittelbare »Bezahlen« nach jedem Einzelspiel ist auch dann einfacher und unterhaltsamer, wenn nur um Trockenerbsen gespielt wird.

Teilnehmer

Man spielt immer zu viert. Man kann zwar auch zu dritt oder zu fünft und zu sechst spielen. Entsprechende Hinweise dazu finden Sie am Schluß dieser Beschreibung. Am schönsten ist das Spiel freilich zu viert.
Von den vier Teilnehmern spielen in den meisten Fällen zwei gemeinsam gegen die beiden anderen. Wie bei Schafkopf bilden sich aber auch bei Doppelkopf keine festen, abendlangen Partnerschaften. Die Partner wechseln vielmehr von Spiel zu Spiel, je nachdem, wie die Karten verteilt sind. Und allein schon die Art, wie man seinen Partner findet, ist spannend genug. Nicht selten aber bekommt jemand so gute Karten auf die Hand, daß er ganz allein mehr als die Hälfte aller Augen stechen kann. Dann spielt er allein für sich ein »Solo« gegen die drei anderen. Dieser laufende Wechsel bringt es mit sich, daß einen Abend lang kein Spiel dem andern gleicht.

Zubehör

Doppelkopf wird mit 48 Karten gespielt, genauer gesagt: mit 2 x 24 Karten, denn jeder Wert ist hier doppelt vorhanden: In Norddeutschland wird ausschließlich mit den französischen Zeichen Kreuz, Pik, Herz und Karo gespielt, anderswo auch mit den deutschen Zeichen Eichel, Laub, Herz und Schelle (dem Gaigel-Blatt also). Die folgende Beschreibung geht von den französischen Zeichen aus.
Doppelkopfkarten sind fast überall in Deutschland in Spielwarenläden zu haben; wo nicht, kann man sich mit zwei Skatblättern behelfen: Man entfernt daraus alle Siebener und Achter.
Außer Karten benötigt man noch etwas zur Abrechnung der Spiele, entweder Bleistift und Papier oder Geld (Pfennige im Familienkreise, Fünf- und Zehnpfennigstücke beim Stammtischspiel). Statt Geld können auch beliebige Spielmarken genommen werden.

Die Karten und ihre Rangfolge

Bevor wir näher auf das Spiel eingehen, müssen wir zuerst die Karten kennenlernen, sozusagen das Handwerkszeug. Ohne diese Kenntnis kann man nicht feststellen, ob man ein gutes oder ein miserables Blatt auf die Hand bekommen hat, und man kann nicht entscheiden, welche Karten man stechen soll und welche nicht.
Jede der vier Farben Kreuz, Pik, Herz und Karo setzt sich aus 2 x 4 Karten zusammen, und zwar aus: As, Zehn, König, Neun.

in dieser Rangfolge von oben nach unten. Es gibt also zwei Kreuz-Asse, zwei Kreuz-Zehner und so weiter. Das As kann alle anderen Karten derselben Farbe stechen, die Zehn alle Karten gleicher Farbe außer dem As, der König sticht nur die niedrigere Neun.
Da alle Karten doppelt im Spiel sind, muß es eine Vereinbarung geben, welche Karte sticht, wenn zwei gleiche fallen. Es sticht dann stets diejenige, die zuerst auf den Tisch gelegt wurde. Ein Beispiel: Jemand spielt Pik-Neun aus als erste Karte eines Stichs; der zweite Spieler legt Pik-As darauf; der dritte hat zu seinem Leidwesen von der Farbe Pik nur das As und sonst keine Pik-Karte — er muß dieses As nun dazulegen und opfern; es wird von dem zuvor hingelegten As gestochen. Der vierte Spieler muß ebenfalls eine Pik-Karte zugeben; sollte er aber überhaupt keine Pik-Karte auf der Hand haben, kann er eine Trumpf-Karte hinwerfen und damit den ganzen wertvollen Stich an sich bringen.
Jede Farbe (Kreuz, Pik, Herz und Karo) besteht also aus acht Karten. Das ergibt zusammen 32 Karten. Wo bleiben die übrigen 16, die acht Damen und die acht Buben? Sie sind im Doppelkopf, wie im Schafkopf, die ständigen Trümpfe.

Trümpfe

Für alle, die es noch nicht wissen: Trümpfe sind bevorrechtete Karten; sie stechen sämtliche Karten, die nicht Trumpf sind.
Bei Doppelkopf sind alle acht Damen und alle acht Buben Trumpf, außerdem alle acht Karten der Farbe Karo. Demnach sind 24 Karten Trümpfe, genau die Hälfte des gesamten Blattes. (Meistens wird sogar mit zwei oder vier weiteren Trümpfen gespielt, nämlich mit den Herz-Zehnern und den Jokern; aber auf diese Besonderheit kommen wir später zurück. Wir wollen hier Schritt für Schritt vorgehen, damit für Sie das Ganze übersichtlich bleibt. Das Spiel wird also im folgenden zunächst in seiner einfachsten Form beschrieben; die zusätzlichen Regeln, die Doppelkopf erst farbig und unterhaltsam machen, werden anschließend erläutert.)
Die Trümpfe müssen untereinander ebenfalls eine Rangfolge haben, damit geklärt ist, wer wen sticht, wenn mehrere Trümpfe in einem Stich zusammenkommen.
Höchste Trümpfe sind, wie bei Schafkopf, die Damen, und zwar ebenfalls in der Reihenfolge:
Kreuz-Dame, Pik-Dame, Herz-Dame, Karo-Dame.
Danach folgen die Buben in der gleichen Farbfolge Kreuz - Pik - Herz - Karo, dann alle Karo-Karten, angefangen bei den beiden Assen.
Die 24 Trümpfe haben also untereinander diese Rangfolge:

Man muß dabei beachten: Jede dieser Karten ist doppelt im Spiel. Fallen zwei völlig gleiche Trümpfe in einem Stich, so gilt die bereits erwähnte Regel: Es sticht die Karte, die vor der andern gefallen ist.
Die beiden Kreuz-Damen, die in der einfachen Version die allerhöchsten Trümpfe sind, werden »die Alten« genannt. Mit ihnen hat es eine ganz besondere Bewandtnis, wie wir noch sehen werden.

Die Kartenwerte

Jede Karte, ob sie nun Trumpf ist oder nicht, hat einen bestimmten Punktwert, den Kartenspieler die »Augen« nennen. Um diesen Punktwert geht es in den Stichen: Man muß möglichst viele Augen stechen (so makaber das auch klingen mag) und möglichst mehr als die Gegner. Im Doppelkopf zählt:

jedes As	11 Augen
jede Zehn	10 Augen
jeder König	4 Augen
jede Dame	3 Augen
jeder Bube	2 Augen
jede Neun	0 Augen
macht zusammen	30 Augen

Da jeder Kartenwert achtmal im Spiel ist (acht Damen, acht Buben, acht Asse und so weiter), zählen alle 48 Karten zusammen 8 x 30 Augen, insgesamt also 240. Und von dieser Gesamtsumme muß man mehr als die Hälfte in den Stichen gewinnen, also mindestens 121, damit nicht die Gegenpartei gewinnt.
Um es Spielanfängern ganz deutlich zu sagen: Der Punktwert einer Karte sagt nichts darüber aus, welche Karte beim Stechen höher ist. Eine Trumpf-Neun, die überhaupt nichts zählt, kann immerhin jedes andersfarbige As stechen und damit 11 Augen gewinnen.
Man merke sich also: Um ein Spiel zu gewinnen, muß man möglichst hohe Stechkarten (Trümpfe) auf der Hand haben und damit möglichst viele hohe Zählkarten (Asse und Zehner) stechen. Und wie bei Schafkopf kommt es auch im Doppelkopfspiel nicht darauf an, wie viele Stiche man macht, sondern allein auf die Summe der Augen in den Stichen.

Spielvorbereitung

Jedes Kartenspiel beginnt in einer feststehenden Form: Jemand mischt die Karten, läßt abheben und gibt, teilt also die Karten aus (Näheres darüber ist im Kapitel »Allgemeines« nachzulesen). Der links vom Geber sitzende Spieler hat die »Vorhand«; er bekommt als erster Karten und spielt als erster aus. Im nächsten Spiel wird er zum Geber und sein linker Nachbar sitzt in Vorhand. So wechseln Geben und Vorhand der Reihe nach im Uhrzeigersinne einander ab.
Der Geber teilt an jeden Spieler zwölf Karten aus, gewöhnlich in drei Runden zu je vier Karten: Erst dem linken Nachbarn vier, dann der Reihe nach weiter jedem ebenfalls vier, auch sich selbst, dann eine zweite und schließlich eine dritte Runde, bis alle Karten verteilt sind. Die allerletzten vier Karten bekommt also stets der Geber selbst.
Diese zwölf Karten werden dann nacheinander ausgespielt. In jedem Einzelspiel werden also zwölf Stiche gemacht. Ein Spielabend setzt sich aus vielen solcher Einzelspiele zusammen.
Nach dem Geben nimmt jeder seine zwölf Karten zur Hand und ordnet sie nach Trümpfen und Farben und nach ihrer Rangfolge. Nun kann man still für sich entscheiden, ob man allein oder mit einem Partner zusammen Aussicht auf Gewinn dieses Spieles hat. Entscheidend dafür ist, wie viele und welche Trümpfe man bekommen hat.
Es würde zu weit führen, hier nun anhand von Beispielen zu zeigen, was ein gutes, aussichtsreiches Blatt ist und welche Kartenkombinationen keine Chancen auf Gewinn haben. Es würde Sie nur verwirren, denn genau dieselbe Zusammenstellung von Karten werden Sie vermutlich nie im Leben auf die Hand bekommen, weil mehr als 100 Billiarden verschiedene Kartenverteilungen möglich sind. Nach kurzer Spielerfahrung bekommt man schließlich von selbst ein Gefühl dafür, mit welcher Karte man voraussichtlich gewinnen kann und mit welcher nicht.

Die Partner: Die Besitzer der beiden Alten

Gehen wir zunächst einmal davon aus, daß niemand ein Solo, also allein gegen die drei anderen spielen will. (Auf Solo kommen wir später ausführlich zurück.) In diesem Falle spielen stets zwei Spieler gemeinsam gegen die beiden anderen, die ihrerseits eine Partnerschaft bilden. Gemeinsam heißt: Die Augen ihrer Stiche werden zusammengezählt. Was der eine der beiden sticht, zählt also genausogut für den Partner. Beide müssen zusammen auf wenigstens 121 Augen in ihren Stichen kommen. Das macht die Sache gegenüber einem Solospiel erheblich einfacher. Allerdings weiß man ja nicht, welche Karten der Partner hat und welche bei den Gegnern sitzen: Mehr noch: Man weiß zunächst nicht einmal, wen man zum Partner bekommen wird. Die Paarbildung wechselt nämlich von Spiel zu Spiel und richtet sich nach der Kartenverteilung.

Wer spielt nun mit wem zusammen, und wie finden die Partner einander? Partner und Hauptspieler sind bei Doppelkopf stets die beiden, von denen jeder eine Alte, also eine Kreuz-Dame auf der Hand hat. Nun dürfen die beiden sich aber nicht dadurch zu erkennen geben, daß sie losbrüllen: »Ich habe eine Alte!« Niemand darf verraten, welche Karten er hat. Die beiden Partner müssen sich vielmehr erst im Laufe des Spiels finden, durch geschicktes Ausspielen und Stechen.

Für dieses Finden gibt es zwei Wege:

a) das »ehrliche« Spiel;

b) das »freie« Spiel.

Beim ehrlichen Spiel geben die beiden Partner sich schon in den ersten Stichen dadurch zu erkennen, daß sie Trumpf spielen und die Alten auf den Tisch legen, sobald dies möglich ist. Beim freien Spiel ist man dagegen ungebunden und kann die Alten spielen, wann man will. Dadurch finden sich die beiden Partner aber oft erst viel später und manchmal erst dann, wenn es zu spät ist. Erfahrenen Spielern bietet das freie Spiel aber erheblich mehr Spannung und Abwechslung. Und wenn mit zusätzlichen höheren Trümpfen gespielt wird, ist ohnehin nur freies Spiel möglich.

Um Doppelkopf kennenzulernen, sei Ihnen geraten, zunächst eine Zeitlang »ehrlich« zu spielen. Sie werden das Spiel so rasch beherrschen, daß Sie schon am ersten Spielabend zusätzliche Trümpfe ins Spiel bringen und zum abwechslungsreicheren freien Spiel übergehen können.

Das ehrliche Spiel

Wie schon erwähnt, sollen beim ehrlichen Spiel die beiden Alten möglichst bald auf den Tisch kommen, damit jeder sieht, wer mit wem zusammenspielt. Die allererste Karte spielt Vorhand aus, der Spieler links vom Geber. Für ihn stellt sich beim ehrlichen Spiel also die Frage: Welche Karte lege ich zuerst auf den Tisch?

Grob gesprochen gibt es für ihn zwei Möglichkeiten: Entweder hat er eine Alte, oder er hat keine. Wie er in diesen beiden Fällen beim ehrlichen Spiel verfährt, wollen wir nun untersuchen.

a) Vorhand hat eine Alte.

Er weiß nun, daß er »mit den Alten« spielt und mit einem Partner, den er noch nicht kennt, mindestens 121 Augen stechen muß. Die Partei mit den Alten ist nämlich Spielmacher und muß demnach gewinnen. Erhalten sie weniger als 121 Augen in den Stichen, verlieren sie das Spiel, und ein verlorenes Spiel wird höher berechnet als ein gewonnenes! Vorhand muß nun eine Karte hinlegen, auf die sein noch unbekannter Partner die Alte, die Kreuz-Dame hinlegen kann. Vorhand muß also Trumpf ausspielen, am besten eine Karte mit hohem Zählwert, also das Karo-As oder die Karo-Zehn. Zwar liegen in der Rangfolge 16 Trümpfe über dem As (nämlich alle Damen und Buben), aber Partner wird ja derjenige, der die zweite Alte hat, den allerhöchsten Trumpf also. Folglich kann Vorhand unbesorgt Trumpf-As oder Trumpf-Zehn ausspielen — der Stich ist ja mit Sicherheit nicht verloren. Der Reihe nach, im Uhrzeigersinne, legt nun jeder eine Karte dazu, und zwar eine Trumpf-Karte, denn es gilt die Regel:
Die zuerst ausgespielte Karte muß »bedient« werden.
Was Bedienen heißt, ist ausführlich im Kapitel »Allgemeines« beschrieben. Nur wer überhaupt keinen Trumpf hat, darf eine beliebige andere Karte abwerfen. Und es sei hier noch einmal ins Gedächtnis zurückgerufen: Zum Trumpf zählen alle Damen, alle Buben und alle Karo-Karten. Eine angespielte Karo-Karte kann man also entweder mit einer weiteren Karo-Karte oder mit jedem beliebigen Buben oder jeder Dame »bedienen«.
Diesen ersten Stich wird der Besitzer der zweiten Alten übernehmen. Er wird also seine Kreuz-Dame hinlegen und damit den Stich sichern. Die vier Karten gehören nun ihm und seinem Partner. Wer gestochen hat, spielt stets die erste Karte zum nächsten Stich aus. Um ganz sicherzugehen, wird der Ablauf wiederholt: Der Stecher des ersten Stichs spielt nun seinerseits Trumpf aus und wenn es geht, einen mit hoher Augenzahl, so daß sein Partner sich mit der zweiten Kreuz-Dame endgültig zu erkennen geben kann. Nun sind beide Kreuz-Damen gefallen, die Fronten sind klar. Die beiden Spieler »mit den Alten« müssen nun versuchen, gemeinsam auf mehr als 120 Augen zu kommen. Die beiden Spieler »gegen die Alten« werden ihrerseits versuchen, den Sieg der Gegenpartei möglichst zu verhindern. Im Laufe der Zeit entwickelt jeder dank seiner Erfahrung Variationen dieses Spielanfangs. Die beiden ersten Stiche müssen also nicht immer genau so ablaufen, wie hier beschrieben. So kommt es beispielsweise vor, daß Vorhand zwar eine der beiden Alten, aber keine Trumpfkarte von hohem Zählwert hat, also weder Karo-As noch Karo-Zehn. In diesem Falle muß der Spieler eben auf gut Glück eine andere Trumpfkarte

ausspielen und damit rechnen, daß die Partner sich erst beim dritten oder vierten Stich finden.
Betrachten wir nun die zweite Möglichkeit:
b) Vorhand hat keine Alte.

Er weiß nun, daß er nicht zur spielmachenden Partei gehört, daß er »gegen die Alten« spielt und deshalb nicht unbedingt 121 Augen erreichen muß. Bleibt er mit seinem Partner unter diesem Ziel, muß er bezahlen; gelingt es ihm aber, der Gegenpartei »mit den Alten« mindestens 120 Augen wegzustechen, so gewinnen er und sein Partner. Ihnen genügen also 120 Augen zum Gewinn. Vorhand ohne Alte wird also nicht Trumpf ausspielen. Jetzt kommt es darauf an, den ersten Stich möglichst zu gewinnen, um am Ausspiel zu bleiben und damit das weitere Spielgeschehen beeinflussen zu können. Vorhand zieht also eine Karte, die nicht Trumpf ist, entweder Kreuz, Pik oder Herz. (Und immer wieder beachten: die Damen und Buben zählen nicht zu diesen drei Farben, sondern gehören stets zur Trumpffarbe!)
Damit der Spieler in Vorhand gleich den ersten Stich »heimbringen« kann, spielt er, wenn möglich, ein As von einer »kurzen« Farbe aus, das heißt, von einer Farbe, in der er nur eine oder zwei Karten hat. Denn: Von jeder Farbe sind nur insgesamt acht Karten in den Händen der vier Spieler. Hat man selbst drei oder mehr Karten einer Farbe auf der Hand, ist die Gefahr groß, daß ein anderer Spieler überhaupt keine Karte dieser Farbe besitzt und mit Trumpf stechen kann.
Was aber, wenn Vorhand kein »blankes« As (ein As ohne weitere Beikarte in der gleichen Farbe) oder kein As in kurzer Farbe oder gar überhaupt kein As auf der Hand hat? Dann bleibt dem Spieler nichts anderes übrig, als »nach Gefühl« zu spielen. Er muß nun eben einem anderen den ersten Stich überlassen und abwarten. Er wird also irgendeine Karte hinlegen, mit der er nicht zuviel riskiert, also beispielsweise keine Zehn.

Der weitere Spielablauf

Sie verfügen nun über ausreichende Grundkenntnisse, um sich mit drei Gleichgesinnten an den Tisch zu setzen und Doppelkopf in seiner einfachen Form zu spielen.
Wie wir schon wissen, spielt nach dem Geben stets Vorhand die erste Karte zum ersten Stich aus, ob er eine Alte hat oder nicht. Die wichtigste Regel beim Stechen haben wir ebenfalls schon erwähnt: Es muß stets Farbe bedient werden.

Auf eine zuerst ausgespielte Karte muß also jeder eine Karte von gleicher Farbe legen, also Kreuz auf Kreuz, Herz auf Herz, Trumpf auf Trumpf. Wer aber keine Karte in der angespielten Farbe hat, darf eine andere Farbe zugeben, wobei es ihm freigestellt ist, ob er mit Trumpf einsticht oder eine Karte anderer Farbe abwirft. Die folgenden Spieler müssen aber weiterhin nach Möglichkeit die Farbe der zuerst ausgespielten Karte bedienen.

Zum nächsten Stich spielt stets derjenige die erste Karte aus, der den vorherigen Stich übernommen hat.

Eine Empfehlung: Spielen Sie das erste Spiel oder die ersten Spiele »offen«, das heißt: Nachdem jeder seine zwölf Karten geordnet hat, legt man die Karten mit den Bildseiten nach oben auf den Tisch. Nun sieht jeder, welche Karten die anderen Spieler haben. Man spielt nun nach den Regeln aus, bespricht dabei aber, wie man am günstigsten vorgeht. So kommt man am schnellsten ins Spiel. Sobald sich alle sicher fühlen, spielt man verdeckt weiter, also mit den Karten auf den Händen. Nun aber darf nichts mehr gesprochen werden, was die Verteilung der Karten verraten könnte. Das ist ein ehernes Gesetz bei allen Kartenspielen!

Sobald alle zwölf Stiche gemacht sind, zählt jede Partei die Augen ihrer Stiche zusammen.

Gewinn oder Verlust

Hat die Partei »mit den Alten« wenigstens 121 Augen gestochen, ist sie Gewinner dieses Spiels. Hat sie nur 120 oder weniger Augen, verliert sie. In diesem Falle gewinnt die Partei, die »gegen die Alten« gespielt hat, und zwar in einer höheren Stufe.

Ebenfalls um je eine Stufe erhöht sich der Gewinn, wenn die siegende Partei nicht nur mehr als 120 Augen, sondern in Dreißigerstufen mehr als 150, mehr als 180, mehr als 210 Augen oder gar sämtliche zwölf Stiche gemacht hat.

Abrechnung

Die Spielabrechnung wird hier mit dem Grundbetrag von fünf Pfennigen beschrieben, wie er in Spielrunden üblich ist. Zu Hause in der Familie können Sie ebensogut in Pfennigen oder mit Knöpfen oder Erbsen abrechnen.

Jeder Spieler hat zu Beginn einen bestimmten Betrag vor sich liegen, sagen wir einmal: zehn Fünfpfennigstücke. Verliert nun eine Partei, so bezahlt einer der beiden Verlierer einen Gewinner, der andere den zweiten Gewinner. Wieviel jeder zu bezahlen hat, werden wir gleich erfahren.

Erster Fall: Die Partei »mit den Alten« gewinnt. Es kommt nun darauf an, wieviel Augen die Sieger gestochen haben. Nehmen wir einmal an, sie hätten sämtliche zwölf Stiche gewonnen. In diesem Falle zählt man für den Verlierer: »Keinen Stich, keine 30, keine 60, keine 90 und keine 120«, das heißt: Die Verlierer müssen das Spiel in fünffacher Höhe des Grundbetrags bezahlen. Einer der beiden Verlierer bezahlt also 25 Pfennig an den einen Gewinner, der andere denselben Betrag an den zweiten.

Haben die Verlierer Stiche gemacht, aber weniger als 30 Augen gestochen, so verkürzt sich die Zählweise auf vier Stufen: »Keine 30, keine 60, keine 90 und keine 120.« Nun muß also vierfach der Grundbetrag bezahlt werden.

Haben die Verlierer mehr als 30, aber weniger als 60 Augen, so heißt es entsprechend: »Keine 60, keine 90, keine 120«, und das Spiel kostet dreimal den Grundbetrag, also 15 Pfennige für jeden Verlierer.

Wenn die verlierende Partei mehr als 60, aber weniger als 90 Augen in ihren Stichen zählen kann, wird so abgerechnet: »Keine 90, keine 120.« Das Spiel wird also in doppelter Höhe des Grundbetrags bezahlt.

Hat die Partei ohne die Alten aber nur knapp verloren, also mit mehr als 90 Augen, so heißt es nur: »Keine 120.« Jetzt gewinnt die Partei »mit den Alten« nur einfach, das heißt: Jeder bekommt nur fünf Pfennige von einem der beiden Verlierer.

Zweiter Fall: Die Partei, die »gegen die Alten« gespielt hat, gewinnt. Auch in diesem Falle kommt es darauf an, wieviel Augen die Verlierer gestochen haben. Zusätzlich aber wird das Ergebnis noch durch die Zählung »gegen die Alten« um eine weitere Stufe erhöht.

Ein Beispiel: Die Partei »mit den Alten« hat nur insgesamt 58 Augen in ihren Stichen. Nun wird so gezählt: »Keine 60, keine 90, keine 120 und gegen die Alten«, das bedeutet: Dreimal den Grundbetrag für das Nichterreichen der Stufen 60, 90 und 120, und einmal den Grundbetrag, weil der Sieg »gegen die Alten« errungen wurde. Nun muß also viermal der Grundbetrag bezahlt werden, einer der beiden Verlierer zahlt also 20 Pfennige an einen der beiden Gewinner, der andere den gleichen Betrag an den zweiten Gewinner.

Man sieht: Ein verlorenes Spiel kostet die Partei, die »mit den Alten« spielt, stets mehr, als wenn die andere Partei verliert, die »gegen die Alten« antreten muß.

Das freie Spiel

Wenn Sie nun ein Weilchen das ehrliche Spiel betrieben und kennengelernt haben, sollten Sie sich allmählich an das abwechslungsreichere und spannendere »freie« Spiel wagen. Es unterscheidet sich vom »ehrlichen« Spiel vor allem darin, daß hier nicht versucht wird, den Partner möglichst rasch zu finden. Zwar werden auch hier am Schluß die Stiche der beiden Spieler mit den Alten zusammengezählt; es stellt sich aber oft erst gegen Ende des Spiels heraus, wer mit wem gemeinsame Kasse macht. Da man also meist bis zum fünften oder sechsten, oft bis zum zehnten und gelegentlich bis zum letzten Stich nicht weiß, wer der Partner und wer der Gegner ist, heißt die Devise beim freien Spiel: Jeder spielt zunächst einmal in seine eigene Tasche. Man versucht also, möglichst viele und möglichst hohe Stiche zu gewinnen und vermeidet es, irgend jemandem Asse oder Zehner zu schenken.
Einen besonderen Reiz gewinnt das freie Spiel dadurch, daß den beiden Alten höhere Trümpfe vor die Nase gesetzt werden. Nun kann man als Besitzer einer Kreuz-Dame nicht mehr unbesorgt ein Trumpf-As oder eine Trumpf-Zehn ausspielen, weil die zweite Kreuz-Dame des Partners ja nicht mehr der höchste Trumpf in fremden Händen ist. Durch diese verhältnismäßig geringe Variation ändert sich der Spielablauf in erheblichem Maße.
Allgemein üblich ist es, die beiden Herz-Zehner zu Trümpfen zu erklären, die noch über den Kreuz-Damen stehen. In diesem Falle werden die beiden Herz-Zehner die »Tollen« oder »Dollen« genannt (vermutlich entstanden aus dem französischen »dol« = Betrug, Arglist). An vielen Stammtischen werden aber heute zwei Joker als zusätzliche und allerhöchste Trümpfe eingesetzt. Diese jüngste und abwechslungsreichste Variante wollen wir Ihnen im folgenden vorstellen.

Das Spiel mit Herz-Zehn und Joker

Sie müssen sich nun eine neue Rangfolge der Trümpfe einprägen. Von der Kreuz-Dame abwärts bleibt fast alles wie bisher, da gibt's nur geringfügige Änderungen, die wir gleich nennen werden. Über den beiden Kreuz-Damen aber rangieren nun vier weitere Trümpfe: Die beiden Herz-Zehner (die »Tollen«) stechen alle anderen Trümpfe, also auch die beiden Alten, und über den Herz-Zehnern stehen noch zwei Joker. Da diese Joker zusätzlich ins Spiel kommen, müssen dafür zwei andere Karten aus dem Blatt entfernt werden. Man nimmt die beiden Karo-Neuner heraus. Sollten in einem

Kartenpäckchen keine Joker vorhanden sein, kann man statt dessen also die Karo-Neuner zu den höchsten Trümpfen machen. Sie werden in diesem Falle »Joker« genannt. Die beiden Joker zählen nichts, haben also null Augen.
Die Rangfolge der Trümpfe ist bei der hier beschriebenen Variante des freien Spiels also:

Und jeder dieser Werte ist bekanntlich zweimal im Spiel. Die Karo-Neun aber fällt als Trumpf fort; sie wurde ja zugunsten der beiden Joker aus dem Spiel herausgenommen. Die Karo-Könige sind somit die niedersten Trümpfe.
Man muß außerdem beachten: Da die beiden Herz-Zehner zu Trümpfen wurden, besteht die Farbe Herz nur noch aus sechs Karten, nämlich den beiden Assen, den beiden Königen und den beiden Neunern. Beim Ausspiel des Herz-Asses besteht nun also erhöhte Gefahr, daß die Farbe nicht mehr bedient werden kann und durch Trumpf weggestochen wird.

Man präge sich also ein: Die Herz-Zehn gehört nun nicht mehr zur Farbe Herz, sondern zur großen Trumpf-Familie. Man muß mit der Herz-Zehn nicht bedienen, wenn Herz angespielt wurde. Das Verhältnis Trumpf zu Nichttrumpf hat sich von 24 : 24 auf 26 : 22 zugunsten von Trumpf verändert.

Der Spielablauf beim freien Spiel

Es wird genauso gemischt und gegeben, wie es bereits beschrieben wurde. An der Einleitung des Spiels ändert sich also überhaupt nichts. Nach wie vor legt auch der Spieler in Vorhand die erste Karte zum ersten Stich auf den Tisch. Im Gegensatz zum ehrlichen Spiel versucht er nun aber nicht, möglichst rasch seinen Partner zu finden. Er spielt vielmehr so aus, daß er den ersten Stich möglichst gewinnt, einerlei, ob er eine Alte hat oder nicht. Er wird also zunächst einmal versuchen, seine Asse »nach Hause zu bringen«, deshalb spielt er, wenn möglich, als erstes ein As aus, von dessen Farbe er höchstens eine weitere Karte auf der Hand hat. Bekommt er den Stich, versucht er, möglichst weitere Stiche zu machen. Hat er jedoch keine Asse mehr in »kurzen« Farben, aber ausreichend viele Trümpfe, wird er nun einen niederen Trumpf vorlegen und einem anderen den Stich überlassen. Der wird nun seinerseits versuchen, möglichst viele Stiche für sich zu gewinnen.
Irgendwann wird dann die erste der beiden Alten fallen. Nun weiß der Besitzer der zweiten Kreuz-Dame, wer sein Partner ist. Das kann aber durchaus erst gegen Schluß des Spiels sein. Sooft sich noch Gelegenheit bietet, wird er nun, sofern er nicht selbst stechen kann, seinem gefundenen Partner hohe Karten »schmieren«, wenn dieser einen Stich übernimmt. Auf diese Weise merken auch die anderen, wer mit wem zusammenspielt. Wenn alle Stiche gemacht sind, wird zusammengezählt und abgerechnet wie beim zuvor beschriebenen »ehrlichen« Spiel.

Eine Besonderheit: Die Füchse

Wir gehen nun wieder einen Schritt weiter und lernen eine zusätzliche Regel kennen, die dem Spiel sehr viel Reiz verleiht.
»Füchse« nennt man im Doppelkopf die beiden Trumpf-Asse, also die Karo-Asse. Es geht nun darum, daß man möglichst vermeiden muß, sich diese Asse von der Gegenpartei wegstechen zu lassen. Zugleich aber ver-

sucht man, einen Fuchs der Gegner zu fangen, denn: Jeder Fuchs, der von einer Gegenpartei gestochen wird, verändert die Spielabrechnung um eine Stufe.
Das Reizvolle an der Sache ist, daß man zunächst ja überhaupt nicht weiß, wer Freund und wer Feind ist. Hat man also so einen Fuchs oder gar alle beide auf der Hand, darf man mit dem Trumpf-As nur stechen, wenn man sicher ist, daß niemand anders überstechen wird. Man kann beispielsweise abwarten, bis man bei einem Stich als letzter an der Reihe ist; wenn man Glück hat, wurde nun eine Farbe angespielt, die man selbst nicht auf der Hand hat, und wenn man ganz großes Glück hat, dann haben alle anderen Spieler bedienen müssen, so daß man nun mit seinem Fuchs stechen und ihn sicher nach Hause bringen kann.
Sollte sich eine solche Gelegenheit nicht bieten, muß man abwarten, bis die Partnerschaften sich auf irgendeine Weise gefunden haben. Nun kann man auf einen sicheren Trumpf-Stich des Partners den Fuchs »schmieren«. Oft genug hat man aber weder die eine noch die andere Gelegenheit, dann wird der Fuchs eben unter großem Hallo von der Gegenpartei gestochen.
Die Abrechnung: Gelingt es der gewinnenden Partei, einen Fuchs der Gegner zu fangen, so erhöht sich ihr Gewinn um eine Stufe. Der Verlust der Gegner wird nun also beispielsweise so gezählt: »Keine 90, keine 120 und einen Fuchs!«, so daß jeder der beiden Verlierer dreimal den Grundbetrag zu bezahlen hätte, 15 Pfennige also.
Fängt aber die verlierende Partei einen Fuchs der Sieger, so mildert sie ihren Verlust dadurch. Hat sie beispielsweise mit 80 Augen verloren, so heißt die Abrechnung: »Keine 90, keine 120, aber einen Fuchs!«, so daß statt der eigentlich fälligen Bezahlung des doppelten Grundbetrags nur der einfache Satz von fünf Pfennigen pro Spieler zu leisten ist. Es kann also vorkommen, daß ein verlorenes Spiel überhaupt nichts kostet, dann nämlich, wenn man es nur einfach verliert (mehr als 90, aber weniger als 120 Augen), zugleich aber einen Fuchs der Sieger gefangen hat. Dann hat man: »Keine 120, aber einen Fuchs!« Das Spiel zählt nichts, es ist, wie man sagt, ein »totes Spiel«.

Beide Alten in einer Hand: Hochzeit

Nicht selten kommt es vor, daß ein Spieler beide Kreuz-Damen auf der Hand hält. Wer wird nun sein Partner? Er kann ohne Partner ein »Solo« spielen, aber darüber wollen wir erst etwas später reden. Meistens ist

das Blatt nicht stark genug, um allein mehr als 120 Augen zu stechen. Man braucht also einen Partner. Das Finden eines Partners wird nun gewöhnlich dem Zufall überlassen.
Der Besitzer der beiden Alten muß diese beiden Damen »melden«, indem er »Hochzeit!« ansagt. Nun weiß natürlich jeder Bescheid. Partner wird jetzt derjenige der drei übrigen Spieler, der als erster einen Stich macht. Wie üblich legt Vorhand die erste Karte zum ersten Stich hin. Muß dieser Stich von dem Hochzeit-Melder selbst übernommen werden, so ist die Partnersuche noch nicht beendet. Der Melder spielt nun seinerseits aus, und zwar so, daß ein anderer den Stich übernehmen kann. Der Gewinner dieses Stichs ist nun Partner des Spielers mit den beiden Alten. Da dieser Stich also mit Sicherheit für seine eigene Partei zählt, kann der Besitzer der beiden Kreuz-Damen beruhigt eine hohe Zählkarte ausspielen.

Solospiele

Wir betreten nun wieder Neuland und lernen die Solospiele kennen, jene Spiele also, die man ganz allein ohne Partner spielt und gewinnen muß. Man unterscheidet drei Arten von Solospielen:
Trumpf-Solo
Farben-Solo
Buben-Solo
Allen drei Soloarten ist gemeinsam, daß der Solospieler die erste Karte zum ersten Stich ausspielen darf, einerlei, ob er in Vorhand sitzt oder nicht. Außerdem muß der Geber dieses Spiels »zur Strafe« auch für das nächste Spiel die Karten geben.
Ein Solo kann man natürlich nur spielen, wenn man sehr gute Karten auf die Hand bekommt, denn nun spielen ja die drei anderen zusammen und werden mit allen Mitteln versuchen, ihrerseits gemeinsam auf 120 Augen zu kommen.

Trumpf-Solo

Bei einem Trumpf-Solo bleibt die Rangfolge aller Karten unverändert. Höchste Trümpfe bleiben also die Joker vor den Herz-Zehnern, dann folgen die Damen in der bekannten Reihenfolge Kreuz-Pik-Herz-Karo, danach kommen die Buben und schließlich die Karo-Karten.
Unverlierbar ist ein Trumpf-Solo, wenn man neben den beiden Jokern und beiden Herz-Zehnern noch alle acht Damen auf die Hand bekommt. In einem solchen Falle würden die Gegner nicht einen einzigen Stich machen.

Aber so ein Glücksfall ist selten, äußerst selten. Manche Doppelkopf-Spieler warten ihr Leben lang vergebens auf ein solches Sonntags-Blatt. Aber auch mit einem etwas schwächeren Blatt kann man ein Solo wagen, zum Beispiel mit diesen Karten:

Es würde eher verwirren als weiterhelfen, wenn wir uns nun noch weitere Kartenzusammenstellungen ansähen, mit denen man ein Trumpf-Solo spielen kann. Nach kurzer Spielerfahrung bekommt man ganz von selbst ein Gefühl dafür, mit welchem Blatt man ein Solo wagen kann.

Farben-Solo

Beim Farben-Solo ist die Rangfolge der Karten für das Stechen völlig verändert. Es gibt hier überhaupt keinen Trumpf! Deshalb werden beim Farben-Solo sämtliche Damen und Buben und die Herz-Zehner unter ihre entsprechenden Farben eingereiht. Die beiden Joker kommen als Neuner zur Farbe Karo.

Jede der vier Farben besteht nun also aus je zwölf Karten in dieser Rangfolge:

As, Zehn, König, Dame, Bube, Neun

Ein Farben-Solo kann man demnach ansagen, wenn man mehrere Asse oder gar Doppelasse hat, oder wenn man in einer einzigen Farbe beinahe sämtliche Karten auf die Hand bekommt, beispielsweise beide Asse, beide Zehner, beide Könige und noch etliche mehr. Da es beim Farben-Solo keine Trümpfe gibt und Farbe in jedem Falle bedient werden muß, kann man, nachdem alle anderen Karten dieser Farbe gefallen sind, auch noch mit den niedersten Karten stechen, sofern man selbst am Ausspiel bleibt.

Buben-Solo

Bei dieser Art von Solo sind nun wieder Trümpfe im Spiel, jedoch eine stark verringerte Zahl. Die Buben sind die höchsten Trümpfe, und unter ihnen die Kreuz-Buben die allerhöchsten. Danach folgen die Pik-Buben, die Herz-Buben und schließlich die Karo-Buben. Außer diesen acht Buben gibt es keinerlei andere Trümpfe. Die Joker werden zu Karo-Neunern, die Herz-Zehner kommen zur Farbe Herz. Die Farbe Karo ist nicht Trumpffarbe, sondern wird behandelt wie jede andere Farbe.
Ein Buben-Solo kann man ansagen, wenn man vier oder fünf Buben, darunter möglichst beide Kreuz-Buben, und eine hohe Beikarte mit möglichst vielen Assen hat.
Man spielt dann zunächst einmal die Buben aus, um die Trümpfe der Gegner einzufangen. Sind alle gegnerischen Trümpfe gefallen, kann man unbesorgt Asse ausspielen.

Der Spielablauf bei Solo

Während beim »normalen« Spiel mit Partnersuche nach dem Geben ohne jede Spielerklärung sofort von Vorhand ausgespielt wird, muß ein Solospiel vor dem ersten Ausspiel angekündigt werden. (Eine Ausnahme bildet das »stille« oder »heimliche« Solo, über das wir anschließend sprechen werden.) Wer also beim Aufnehmen und Ordnen seiner Karten feststellt, daß er ein aussichtsreiches Solo-Blatt erhalten hat, muß seinen Wunsch, allein zu spielen, sofort verkünden. Er ruft in diesem Falle »Trumpf-Solo!« oder »Farben-Solo!« oder »Buben-Solo!«, je nachdem, welche Art von Solo er zu spielen gedenkt. Danach legt er die erste Karte für den ersten Stich auf den Tisch, denn der Solist spielt, wie wir schon erfahren haben, stets als erster aus, auch wenn er nicht in Vorhand sitzt.

Das »stille« oder »heimliche« Solo

Hat ein Spieler beide Kreuz-Damen auf der Hand und außerdem ein so gutes Trumpf-Blatt, daß er Solo spielen kann, so kann er diese Absicht verschweigen. Er sagt in diesem Falle auch nicht »Hochzeit!« an, sondern

erklärt überhaupt nichts. Es wird also zunächst so gespielt, als wären die beiden Alten auf zwei Hände verteilt und müßten sich finden.
Da dieses Solo »still«, also ohne Ansage gespielt wird, kommt dafür nur Trumpf-Solo in Frage, denn eine Veränderung in der Rangfolge beim Stechen müßte ja bekanntgegeben werden. Eine weitere Voraussetzung ist der Besitz beider Alten, sonst wäre ja der Spieler mit der zweiten Kreuz-Dame eine Zeitlang im Glauben, er würde »mit den Alten« spielen. Mancherorts läßt man ein stilles Solo jedoch auch dann zu, wenn der Solist nur eine der beiden Alten hat. Er muß dann, sobald die andere Kreuz-Dame hingelegt wird, seine Solo-Absicht verkünden und spielt von diesem Augenblick an nicht mehr »still«.
Ob man stilles Solo mit nur einer Kreuz-Dame spielen darf oder nicht, beruht, wie vieles beim Doppelkopf, auf vorheriger Abmachung unter den Spielern.

Abrechnung bei Solospielen
Bei der Abrechnung der Solospiele werden die gleichen Gewinnstufen berücksichtigt wie bei Partnerspielen, Füchse gibt es jedoch nur bei Trumpf-Solo. Man zählt also für die Verlierer »keine 120«, wenn sie weniger als 120, aber mindestens 90 Augen gestochen haben, »keine 90, keine 120«, wenn sie weniger als 90, aber mindestens 60 Augen in ihren Stichen erhalten haben, und so weiter in Dreißigerstufen. Verlieren die drei Gegenspieler, bezahlt jeder von ihnen den errechneten Betrag an den Solisten, so daß dieser dreifach kassieren kann. Solospiele sind also einträglich.
Verliert der Solospieler, so werden die errechneten Beträge jedoch nicht wie sonst üblich erhöht. Er bezahlt demnach den gleichen Betrag, allerdings an jeden der drei Gegenspieler, so daß der Verlust eines Solospiels stets eine teure Angelegenheit ist.
Mancherorts werden Solospiele stets zum doppelten Tarif abgerechnet, das heißt, der sonst übliche Grundbetrag von fünf wird auf zehn Pfennige erhöht und mit der errechneten Gewinnstufe multipliziert. Auch das ist Abmachung.

Weitere Besonderheiten

Alle wichtigen Regeln des Doppelkopf-Spiels haben wir nun erfahren. Es gibt aber darüber hinaus eine ganze Reihe von Besonderheiten, die an vielen Orten zusätzlich zur bisherigen Beschreibung oder an Stelle bestimmter, bisher beschriebener Regeln gelten. All diese Besonderheiten

beruhen auf vorheriger Abmachung, auf Vereinbarung der Spieler untereinander. Wir stellen Ihnen zunächst die Besonderheiten vor, die zusätzlich zur bisherigen Beschreibung vereinbart werden können, anschließend jene, die bereits beschriebene Regeln ersetzen.
Wenn Sie Doppelkopf im Familien- oder Freundeskreis lernen möchten, können wir Ihnen nichts weiter empfehlen als: Spielen Sie zunächst einmal nach der bisherigen Beschreibung, bis Sie das Spiel einigermaßen beherrschen. Danach probieren Sie mal die eine oder andere der folgenden Besonderheiten aus. Was Ihnen gefällt, übernehmen Sie, was nicht, vergessen Sie.

Kontra und Re

Hat ein Spieler ohne Alte ein gutes Blatt, so daß er glaubt, mit seinem Partner zusammen »gegen die Alten« zu gewinnen, so kann er »Kontra!« sagen. Einerlei, wie das Spiel dann ausgehen mag: Es zählt in jedem Falle doppelt. »Kontra!« kann auch einem Solospieler geboten werden. Sind die Spieler mit den Alten (oder der Solospieler) der Ansicht, daß sie trotz Kontra-Ansage gewinnen werden, können sie mit »Rekontra!« oder abgekürzt »Re!« antworten. Nun wird das Spiel-Ergebnis nicht nur verdoppelt, sondern vervierfacht.
Ein Beispiel: Die Partei mit den Alten verliert mit weniger als 90, aber mehr als 60 Augen in ihren Stichen; man rechnet dann: »Keine 90, keine 120 und gegen die Alten«, weil der Sieg »gegen die Alten« errungen wurde. Sie verliert demnach mit dem dreifachen Grundbetrag. Wurde nun »Kontra!« gerufen, verliert die Partei mit dem sechsfachen Grundbetrag, hat sie aber »Re!« gesagt, muß sie gar den zwölffachen Grundbetrag bezahlen. Jeder der beiden Verlierer bezahlt nun $12 \times 5 = 60$ Pfennige. Ein teures Spiel!

Verdoppeln durch Klopfen

Oft wird vereinbart, daß nicht nur die Spieler »gegen die Alten«, sondern jeder beliebige den Spielwert verdoppeln darf. Hat beispielsweise ein Spieler mit der Kreuz-Dame oder ein Solo-Spieler so gute Karten, daß er einen Verlust nicht zu befürchten hat, so klopft er einmal kräftig auf den Tisch. Das bedeutet: Dieses Spiel wird doppelt bewertet. Ist nun ein anderer Spieler der Ansicht, daß auch er ein ›bombensicheres‹ Blatt habe, so klopft er zweimal kräftig auf den Tisch, was bedeutet: Nun gilt das Spiel vierfach.
Sollte sich aber zum Schluß herausstellen, daß die beiden Klopfer in diesem Spiel Partner waren, so gilt nur die erste Verdopplung.

Dieses Klopfen hat vor dem Kontrasagen den großen Vorteil, daß keine Karten verraten werden. Sagt nämlich jemand »Kontra!«, so steht bereits fest, daß er keine Alte hat. Ein freies Spiel ist damit kaum noch möglich. Beim Klopfen jedoch bleibt die Ungewißheit über die Verteilung der Kreuz-Damen erhalten. Das Klopfen ist deshalb vorzuziehen. Kontra wird in diesem Falle nur dem gegeben, der ein Solo angesagt hat.
Für Kontra wie für Klopfen gilt: Es wird nur anerkannt, wenn es spätestens nach dem ersten Stich und vor dem Ausspiel der ersten Karte zum zweiten Stich angebracht wurde. Vielfach wird vereinbart, daß man sogar nur vor dem ersten Stich, also bevor die allererste Karte gefallen ist, Kontra sagen kann oder klopfen muß. An anderen Orten wiederum darf man sogar noch nach dem Ausspiel der fünften Karte (der ersten für den zweiten Stich) klopfen, doch darf dann nicht mehr gegengeklopft werden.

Doppelkopf: Vier Volle in einem Stich

Es kommt gelegentlich vor, daß jemand in einem einzigen Stich vier »Volle« einheimsen kann. Volle, das sind die hochwertigen Karten Zehn oder As. Ein solcher Glücks-Stich wird »Doppelkopf« genannt und erhöht den Spielwert um eine Stufe, ähnlich wie ein gefangener Fuchs.
Ein Abrechnungsbeispiel: »Keine 60, keine 90, keine 120 und ein Doppelkopf«, was bedeutet, daß dieses Spiel mit dem vierfachen Grundbetrag zu bezahlen ist.

Damen-Solo

Ebenso wie das schon beschriebene Buben-Solo kann man nach Vereinbarung auch ein entsprechendes Damen-Solo zulassen. Dabei sind nur die acht Damen Trumpf. Die Buben sowie die Joker und Herz-Zehner werden zu den Farben gezählt (die Joker als Karo-Neuner).

Freie Trumpfwahl bei Solospielen

Zusätzlich zu den schon beschriebenen Soloarten kann eine weitere zugelassen werden. Bei dieser Form darf der Solist bestimmen, ob Karo oder eine beliebige andere Farbe neben den Jokern, Herz-Zehnern, Damen und Buben Trumpf wird. Häufiger ist diese freie Trumpfwahl beim Solospiel zu finden, wenn ohne Joker und Herz-Zehner (»Tolle«) gespielt wird, wenn also die Kreuz-Damen die höchsten Trümpfe bilden.

Zwangs-Solo

Es kommt vor, daß an einem Spielabend kein einziges Mal Solo angesagt wird, sei es, daß niemand ausreichend gute Karten bekommt, sei es, daß

niemand den Mut hat, ein solches Spiel zu wagen. In Stammtischrunden wird deshalb mitunter vereinbart, daß innerhalb einer bestimmten Zeit jeder eine bestimmte Anzahl von Solospielen zu absolvieren hat. Ist die Frist abgelaufen und einer oder mehrere Spieler befinden sich mit ihren Pflicht-Solos im Rückstand, werden sie »vorgeführt«, das heißt: Sie müssen nun der Reihe nach hintereinander die noch ausstehenden Solos spielen, einerlei, ob sie gute oder miserable Karten erhalten. (Weiteres ist unter »Kartentausch« zu finden.)
Für das Spiel in der Familie eignet sich diese Zusatzvereinbarung nicht, da sie oft mehr Ärger als Freude bringt. Man sollte es hier dem freien Willen des einzelnen überlassen, ob und wann er ein Solo spielen möchte.

Kartentausch
Hat ein Spieler beim Geben nur eine einzige Trumpfkarte bekommen, so kann er sich einem anderen als Partner anbieten. Er legt die Trumpfkarte verdeckt, also mit der Rückseite nach oben, auf den Tisch, und fragt: »Wer nimmt mich mit?«
Ist jemand bereit, diesen »Armen« zum Partner zu nehmen, so legt er seinerseits eine beliebige seiner Handkarten verdeckt ab. Die beiden abgelegten Karten werden nun ausgetauscht, so daß jeder der beiden wieder komplette zwölf Karten auf der Hand hat. Diese beiden spielen nun zusammen und müssen mehr als 120 Augen stechen. Es spielt dabei keine Rolle, ob sie eine oder zwei oder überhaupt keine Alte haben.
Da jemand, der überhaupt keinen Trumpf besitzt, oft über hohe Zählkarten verfügt (Asse und Zehner), die er seinem Partner schmieren kann, wenn dieser hohe Trümpfe spielt, zahlt sich die Mitnahme eines solchen trumpflosen Spielers häufig aus.
Mitunter wird auch abgemacht, daß zwei Karten getauscht werden dürfen. Dann kann also auch der, der lediglich zwei Trümpfe auf die Hand bekommen hat, einen anderen um Mitnahme bitten.
Ein ähnlicher Kartentausch ist, nach Vereinbarung, dann möglich, wenn bei Zwangs-Solo jemand nach Ablauf der Frist »vorgeführt« wird und nun, komme was wolle, sein Solo spielen muß. Er kann dann irgendeine hohe Karte »rufen«, die ihm fehlt. Er sagt also beispielsweise »Joker!«, wenn er Trumpf-Solo spielen will, oder er ruft ein ihm fehlendes As, wenn er Farben-Solo für aussichtsreicher hält. Derjenige, der die gerufene Karte hat und dem Rufer am nächsten zur Linken sitzt, muß diese Karte nun hergeben. Er erhält als Ersatz vom Rufer eine beliebige andere Karte, in der Regel natürlich eine ganz schlechte. Beide Karten werden offen, also mit den Bildseiten nach oben, hin- und hergereicht. Gewinnt der Zwangs-Solist,

erhält er nach Kartentausch nur den halben Satz bezahlt, verliert er aber, muß er voll bezahlen.

Neues Geben bei schlechter Karte
Hat jemand ein ganz miserables Blatt auf die Hand bekommen, so kann er es hinwerfen und neues Geben verlangen. Es muß allerdings zuvor vereinbart werden, was unter einem miserablen Blatt zu verstehen sei. Gewöhnlich geht man davon aus, daß ein Blatt ohne eine einzige Trumpfkarte zum Hinwerfen berechtigt. Man kann aber auch vereinbaren, daß jemand, der mehr als vier Neuner bekommen hat, erneutes Geben verlangen darf. Ob dabei derselbe oder der nächste Geber die Karten auszuteilen hat, muß vereinbart werden.

Rufen einer Karte bei Hochzeit
Hat jemand beide Kreuz-Damen und will kein Solo spielen, so meldet er, wie wir schon erfahren haben, »Hochzeit« an und nimmt denjenigen zum Partner, der den ersten fremden Stich macht, den ersten Stich also, der nicht dem Besitzer der beiden Alten gehört.
Häufig findet man jedoch eine Variante, die dem Schafkopfspiel verwandt ist: Der Spieler mit den beiden Alten wählt den Besitzer einer ihm genehmen Karte zum Partner. Er sagt dann beispielsweise: »Herz-As geht mit!« Nun wird derjenige sein Partner, der als erster ein Herz-As ausspielt. Ebensogut kann eine Trumpfkarte zum Partner bestimmt werden: »Pik-Dame geht mit!«

Kreuz-Bube im letzten Stich
Hat ein Spieler viele Trümpfe und darunter den Kreuz-Buben, so gelingt es ihm oft, mit dieser Karte den letzten Stich zu machen. Ist das der Fall, so kann das Spiel nach Vereinbarung um eine Gewinnstufe höher bewertet werden, ähnlich also, als sei ein Fuchs gefangen worden. Der Kreuz-Bube wird an manchen Orten »Karlchen Müller« genannt.

Andere Abrechnung bei Verlust und bei Solospielen
Wir gingen bisher davon aus, daß ein Spiel, das »gegen die Alten« gewonnen wurde, um eine Stufe höher berechnet wird. Mitunter werden solche Spiele aber in doppelter Höhe bewertet. Hat also zum Beispiel die Partei mit den Alten verloren und »keine 90, keine 120«, so würde sich der fällige zweifache Grundbetrag verdoppeln, also auf das Vierfache erhöhen.

Andererseits findet man auch bei Solospielen häufig eine höhere Berechnung, als hier beschrieben. Dabei wird für jedes Solospiel der Grundbetrag von vornherein verdoppelt, so daß nun zehn Pfennige mit der Zahl der Gewinnstufen vervielfacht werden.

Gegensätzliche Sonderregeln

Es seien nun noch einige Sonderregeln erwähnt, die nicht zusätzlich zu den bereits beschriebenen, sondern an Stelle der einen oder anderen Regel vereinbart werden.

Nur drei Gewinnstufen

Bei der Berechnung des Spielwerts gingen wir bisher davon aus, daß die Gewinnstufen je nach Augenzahl der Stiche in fünf Dreißigerschritten gezählt werden: Keine 120, keine 90, keine 60, keine 30, keinen Stich.

Mitunter werden aber nur Gewinnstufen in Sechzigerschritten gewertet, so daß statt fünf nur drei solcher Stufen zur Berechnung des Spielwerts herangezogen werden. Diese drei Stufen sind:

»Schwarz«, das heißt: Die verlierende Partei hat überhaupt keinen Stich gemacht;

»Schneider«, das heißt: Die verlierende Partei hat zwar Stiche gemacht, aber darin weniger als 60 Augen erhalten;

»Einfach«, das heißt: Die verlierende Partei hat nur knapp verloren, hat also mehr als 60, aber weniger als 120 Augen gestochen.

Gemeinsame Kasse

Die Bezahlung der einzelnen Spiele erfolgt häufig aus einer gemeinsamen Kasse. Zu Beginn legt jeder Spieler einen vereinbarten Betrag, zum Beispiel 50 Pfennige oder eine Mark, in diese Kasse, zweckmäßigerweise in Fünf- und Zehnpfennigstücken. Gewinnende Parteien entnehmen nun den ihnen zustehenden Betrag aus dieser Kasse.

Solospiele aber werden nie aus der gemeinsamen Kasse bezahlt. Hier muß jeder Spieler in die eigene Tasche greifen und den fälligen Betrag bezahlen.

Aus dem Anlegen einer gemeinsamen Kasse ergibt sich eine Reihe weiterer Zusatzregeln, die hier anschließend erwähnt werden.

Frist für Zwangssolo

Wird mit Zwangssolo gespielt, so wird die Frist dafür gewöhnlich an den

Inhalt der gemeinsamen Kasse gekoppelt: Bevor die Kasse leer ist, muß jeder Spieler ein oder, je nach Vereinbarung, auch zwei Solospiele angesagt haben.

Hammelrennen

Wenn in der gemeinsamen Kasse nur noch ein Rest von zehn Pfennigen geblieben ist, wird um diesen Betrag ein »Hammelrennen« veranstaltet. Dabei gibt es keine Partnerschaften, vielmehr spielt jeder für sich allein, um möglichst viele Augen zu erhalten, denn: Wer in seinen Stichen die meisten Augen hat, der darf den Rest der Kasse an sich nehmen. Sollte jedoch jemand so gute Karten bekommen, daß er ein Solo ansagen kann, wird das Hammelrennen noch einmal aufgeschoben. Denn Solospiele werden ja nicht aus der Kasse, sondern aus den Taschen der einzelnen Spieler bezahlt.

Schiebekopf

Wenn die Kasse endgültig leer ist und man immer noch nicht aufhören möchte, kann man eine oder mehrere Runden Schiebekopf folgen lassen. Es handelt sich dabei um eine Art Ramschspiel, wie es auch im Skat bekannt ist. Es geht also nun darum, möglichst wenig Augen in den Stichen zu erhalten.

Jeder der vier Spieler erhält nur elf Karten, so daß vier Karten als Rest übrigbleiben. Sie werden verdeckt, also mit den Rückseiten nach oben auf den Tisch gelegt.

Der Spieler in Vorhand (links vom Geber) nimmt diese vier Karten auf und prüft, ob sie ihm in sein Blatt passen. Er kann behalten, was er will, und legt vier Karten, die er nicht haben will, verdeckt auf den Tisch und schiebt sie seinem linken Nachbarn zu. Der verfährt nun ebenso, nimmt also die Karten auf, legt vier unpassende ab und schiebt sie weiter. Zuletzt tauscht der Geber vier Karten aus und legt sie verdeckt auf den Tisch. Diese vier Karten erhält zum Schluß derjenige, der das Pech hat, den letzten Stich zu machen.

Wer in seinen Stichen die geringste Augenzahl erreicht hat, ist Gewinner. Er bekommt von dem Verlierer mit der höchsten Augenzahl einen vorher vereinbarten Betrag. Mitunter wird auch so abgerechnet, daß alle drei Verlierer dem einen Gewinner einen vereinbarten Betrag bezahlen müssen. Gelingt es jedoch einem Spieler, sämtliche elf Stiche zu machen, so schafft er einen »Durchmarsch« und wird Sieger. Nun erhält er von den drei anderen den vereinbarten Betrag ausbezahlt.

Das Spiel mit der scharfen Karte

Einerlei, welche Zusatz- und Sonderregeln vereinbart werden: In jedem Falle ist es möglich, mit der um die Neuner verkürzten Karte zu spielen. Dazu werden alle acht Neuner aus dem Kartenspiel entfernt, so daß 40 Karten übrigbleiben. Jeder Spieler erhält nun zehn statt zwölf Karten (beim Schiebekopf neun statt elf).

Dieses Spiel mit der scharfen Karte sollten Sie aber erst ausprobieren, wenn Sie einige Abende lang mit dem vollen Blatt von 48 Karten gespielt und Doppelkopf richtig kennengelernt haben. Erst dann können Sie herausfinden, ob Ihnen das Spiel ohne Neuner mehr Spaß macht.

Doppelkopf zu dritt: Mit Strohmann

Doppelkopf ist ein Viererspiel. Sollten aber einmal nur drei beisammen sein, können sie trotzdem spielen: mit einem »Strohmann«.

Ein Platz am Tisch wird für den Strohmann reserviert. Man gibt nun wie gewohnt, als würde zu viert gespielt. Das heißt: Auch der Strohmann bekommt seine Karten.

Nachdem die drei Spieler ihre Karten angesehen und erklärt haben, ob sie Solo spielen wollen oder nicht, werden die Karten des Strohmannes aufgedeckt und geordnet. Jeder Spieler kann nun sofort sehen, ob der Strohmann sein Partner ist oder nicht. Liegt in den Karten des Strohmannes eine Kreuz-Dame, ist der Besitzer der zweiten Alten der Partner. Er spielt nun zusätzlich zu seinen eigenen auch die Karten des Strohmannes aus, wenn dieser an der Reihe ist. Hat der Strohmann beide Alten, so geht »der erste fremde Stich« mit, das heißt: Es wird derjenige Partner, der von den dreien als erster einen Stich machen kann. Sollte in diesem Falle der Strohmann in Vorhand sitzen und demnach als erster ausspielen, so müssen sich alle drei Spieler auf die auszuspielende Karte einigen; man wählt eine Karte, die ein leibhaftiger Spieler in der Position des Strohmannes gewählt hätte, also beispielsweise eine blanke Zehn. Sollte man sich über eine auszuspielende Karte des Strohmannes einmal überhaupt nicht einigen können, so entscheidet das Los unter den vorgeschlagenen Karten.

Ein Solo kann der Strohmann in keinem Falle spielen. Hat aber jemand der drei anderen Spieler ein Solo angesagt, einigen sich die beiden anderen, wer die Hand des Strohmannes führt und für ihn die Karten hinlegt, wenn er an der Reihe ist. Gegenseitiges Beraten sollte aber unterbleiben, weil sonst die Position des Solospielers erheblich geschwächt würde.

Ist der Strohmann an der Reihe zu geben, so teilt sein letzter Partner die Karten für ihn aus.
Ob der Strohmann an der Bezahlung beteiligt wird oder nicht, muß vorher vereinbart werden.

Doppelkopf zu fünfen

Sitzt einer zuviel in der Runde, so kann dennoch gespielt werden: Der jeweilige Geber teilt den übrigen vier Spielern die Karten wie üblich aus, sich selbst aber gibt er keine. Er »sitzt«, wie man zu sagen pflegt, das heißt: Er setzt in diesem einen Spiel aus. Danach gibt der nächste linke Nachbar und setzt ein Spiel lang aus. Wird ein Solo gespielt, ist der Geber an Gewinn und Verlust beteiligt, das heißt: Gewinnt der Solist, muß auch der nicht mitspielende Geber den fälligen Betrag bezahlen, verliert der Solist hingegen, erhält auch der Geber seinen Gewinn. In allen anderen Fällen ist der Geber an der Bezahlung meistens nicht beteiligt.

Binokel

Binokel ist ein Melde- und Stichspiel, das in Württemberg noch viel gespielt wird, allerdings mehr in der Familie als an Stammtischen. Es ist auch in der Schweiz bekannt und — in den USA. Dort zählt es unter dem Namen Pinochle zu den populärsten Kartenspielen.
Das Spiel hat starke Ähnlichkeit mit dem alten französischen Zweierspiel Bezique, wird aber heute meist zu dritt oder als Kreuzbinokel zu viert gespielt.
Auch für Binokel gibt es Zusatzregeln, die nur örtlich bekannt sind und vorheriger Vereinbarung bedürfen. Die Grundregeln des Spiels, zum Beispiel die Punkte für bestimmte Meldungen, sind aber überall einheitlich. Im folgenden werden die Regeln beschrieben, nach denen Binokel in Nordwürttemberg am häufigsten gespielt wird.

Das Ziel des Spiels

Es geht darum, eine zuvor ersteigerte Punktzahl durch die Kombination von Stichen und Meldungen zu erreichen. Melden kann man bestimmte Kartenzusammenstellungen, zum Beispiel Paare, Vierlinge, Sequenzen, die man beim Geben auf die Hand bekommen hat. Ihre Werte sind recht unterschiedlich und reichen von 20 Punkten bis 1500.
Gestochen wird im Anschluß an das Melden. In seinen Stichen muß man den nach den Meldungen noch fehlenden Rest zu der ersteigerten Zahl erreichen, um zu gewinnen.

Teilnehmer

Man kann zu dritt spielen und zu viert (Kreuzbinokel). Das Spiel ist in beiden Fällen gleichermaßen unterhaltsam; hier ist also das Dreierspiel nicht die Notlösung eines Viererspiels für eine Runde, bei der ein Mann fehlt. Beide Formen eignen sich sehr gut zum Spiel in der Familie, auch

mit Kindern, wenn sie wenigstens zehn Jahre alt sind (man muß nämlich ein wenig rechnen können).
Beim Dreierspiel spielt jeder gegen jeden auf eigene Rechnung; beim Spiel zu viert werden meistens Partnerschaften gebildet: zwei gegen zwei.

Zubehör

Man spielt mit 48 Blatt, genauer gesagt: mit 2 × 24 Blatt, denn jede Karte ist doppelt im Spiel. Es handelt sich um dieselbe Karte, die auch zum Gaigeln genommen wird.
Die Karten zeigen das Württemberger Bild mit den deutschen Zeichen Eichel, Schippe, Herz und Schelle. Die Damen heißen hier Ober, die Buben Unter. (Hinweis für den Bezug: Gaigel/Binokel-Karte unter der ASS-Bestellnummer 1462/0 über den Spiel- oder Schreibwarenhandel sowie die Fachabteilungen der Kaufhäuser.)
Zur Not kann man sich die nötigen 48 Karten aus zwei Skatspielen zusammenstellen, indem man die Werte Acht und Neun entfernt, so daß von den niedrigen Karten nur die Siebener im Spiel bleiben.
Zum Notieren der Spielergebnisse benötigt man außerdem Papier und Bleistift.

Die Karten und ihre Rangfolge

Die vier Farben Eichel, Schippe, Herz und Schelle setzen sich aus je sechs verschiedenen Karten zusammen, in der Rangfolge des Stechens von oben nach unten:
As, Zehn, König, Ober, Unter, Sieben.

Jeder dieser Werte ist zweimal im Spiel vorhanden, so daß jede Farbe zwei Asse, zwei Zehner und so weiter hat.

Besonders zu beachten ist, daß die Zehn im Rang unmittelbar nach dem As folgt; sie sticht also den König und die nachfolgenden Karten von gleicher Farbe.
König und Ober von gleicher Farbe bilden ein »Paar«; As, Zehn, König, Ober und Unter von gleicher Farbe bilden eine »Familie«.
Von besonderer Bedeutung sind Schippe-Ober und Schelle-Unter: Sie bilden gewissermaßen ein »unverheiratetes« Paar: den Binokel.

Die Kartenwerte

In den Stichen haben die Karten denselben Punktwert wie bei Gaigel oder den meisten anderen Spielen:

Jedes As zählt	11 Augen
jede Zehn	10 Augen
jeder König	4 Augen
jeder Ober	3 Augen
jeder Unter	2 Augen
jede Sieben	0 Augen
zusammen	30 Augen

Und weil jeder Kartenwert achtmal im Spiel vorhanden ist (zweimal in jeder Farbe), beläuft sich die Gesamtpunktzahl aller Karten auf $8 \times 30 = 240$ Augen.
Letzter Stich: Derjenige Spieler, der den letzten Stich macht, erhält dafür zehn Punkte extra. Zusammen mit dieser Prämie erhöht sich also die Gesamtpunktzahl aller Stiche auf 250.
Während es bei reinen Stichspielen allein darauf ankommt, von der Gesamtpunktzahl aller Karten mehr als die Hälfte in den Stichen zu erhalten, geht es bei einem kombinierten Stich- und Meldespiel wie Binokel darum, in den Stichen jene Anzahl von Punkten zu erzielen, die man zusätzlich zu seinen Meldungen braucht, um zu gewinnen. Es kann also sein, daß man in einem

Falle überhaupt keine Punkte aus Stichen benötigt, weil man bereits genügend gemeldet hat, in einem anderen Falle aber gezwungen ist, vielleicht 200 oder gar alle 250 Punkte aus Stichen zu erreichen, um auf die zum Sieg benötigte Punktzahl zu kommen, die man beim anfänglichen Steigern genannt hat.

Spielvorbereitung

Es sei hier zunächst das Spiel zu dritt beschrieben. Die geringfügigen Veränderungen für das Viererspiel werden am Schluß erwähnt.
Der jeweilige Geber mischt und läßt abheben (ausführliche Beschreibung im Kapitel »Allgemeines«). Dann teilt er rechtsherum (also entgegen dem Uhrzeigersinn) jedem Spieler 15 Karten aus, in drei Raten zu je fünf. Zwischendurch legt er drei Karten verdeckt, also mit den Rückseiten nach oben, in die Tischmitte. Diese drei Karten sind der »Tapp« (schwäbisch: Dapp) und werden zunächst von niemandem aufgenommen. Sie stehen später dem zu, der das Spiel ersteigert hat.
Jeder ordnet nun seine 15 Karten auf der Hand nach Farben und Werten und stellt fest, welche Meldungen er machen kann und welchen Gesamtwert sie haben.

Die Meldungen

Um beurteilen zu können, wie hoch man ein Spiel ersteigern kann, muß man wissen, welche Kartenkombinationen man melden kann und welchen Wert sie haben.
Die Vielzahl der Meldemöglichkeiten läßt die Sache auf den ersten Blick verwirrend erscheinen. Erfahrungsgemäß gewöhnen sich aber selbst Kinder rasch in die Meldungen ein, sobald sie die Systematik darin erkannt haben.
Man kann melden:
Paare, Familien (das sind Sequenzen, also Karten von gleicher Farbe in ununterbrochener Reihenfolge) und Vierlinge (vier Karten von gleichem Wert, aber in verschiedenen Farben).

Paare:	Punktzahl:
Ein Paar (König und Ober von gleicher Farbe)	20
Das Paar in der Trumpffarbe	40
Kleiner Binokel (Schippe-Ober und Schelle-Unter)	40
Großer Binokel oder »Dreihunderter« (doppelter kleiner Binokel, also zwei Schippe-Ober und zwei Schelle-Unter)	300

Familien:	Punktzahl:
Die Familie (As, Zehn, König, Ober, Unter von gleicher Farbe)	100
Die Familie in der Trumpffarbe	150
Die doppelte Familie (2 Asse, 2 Zehner, 2 Könige, 2 Ober, 2 Unter, alle von gleicher Farbe)	1000
Die doppelte Familie in Trumpffarbe	1500

Vierlinge:	Punktzahl:
Vier Asse in den vier verschiedenen Farben (»Hundert Asse«)	100
Vier verschiedene Könige (»Achtzig Könige«)	80
Vier verschiedene Ober (»Sechzig Ober«)	60
Vier verschiedene Unter (»Vierzig Unter«)	40
Vier Siebener zählen nichts	
Doppelvierlinge (»Tausender«), das sind alle acht Karten eines Wertes, z. B. acht Ober, aber auch acht Siebener	1000
Sonderwerte:	
Trumpf-Sieben (»Diß«)	10

Zu beachten ist, daß die Sieben gewöhnlich in den Meldungen keine Rolle spielt. Sie ist weder zur Meldung einer Familie nötig, noch kann mit ihr ein Vierling gemeldet werden. Nur in der Trumpffarbe (als »Diß«) bringen Siebener zusätzliche Meldepunkte, und zwar jedem, der sie auf der Hand hat, nicht nur demjenigen, der die Trumpffarbe bestimmt hatte. Im Doppelvierling jedoch (der sehr selten vorkommt) zählen acht Siebener ebensoviel wie acht Ober oder acht Asse.
Zehner sind zwar zur Meldung von Familien nötig, sie können aber keinen Vierling bilden. Vier Zehner zählen also ebenso nichts wie vier Siebener, alle acht Zehner zusammen jedoch sind ein »Tausender« wie alle anderen Doppelvierlinge auch.
Man beachte außerdem: Es darf »über Kreuz« gemeldet werden, das heißt: Meldet jemand ein Paar, so darf er den König daraus auch für eine Meldung von »achtzig Königen«, den Ober für eine Meldung von »sechzig Obern« verwenden. Meldet jemand eine Familie, so kann er jede Karte daraus für einen Vierling benützen, wenn er die entsprechenden drei Karten in den übrigen Farben hat. Daraus ergibt sich:
Der große Umgang. Hat jemand vier Paare in vier verschiedenen Farben (also je eines in Eichel, Schippe, Herz und Schelle), so kann er 240 Punkte melden, nämlich:

Vier Paare, darunter eines in Trumpf	100
Vier Könige	80
Vier Ober	60

Sollte er nun auch noch den Schelle-Unter auf der Hand haben, kann er zusätzlich zum »Großen Umgang«, in dem der Schippe-Ober enthalten ist, den kleinen Binokel melden, der 40 Punkte wert ist.

Allerdings: Für das Melden über Kreuz gibt es eine Ausnahme: Wer eine Familie meldet, kann das darin enthaltene Paar nicht extra melden. Sollte man jedoch das Paar in einer Familie doppelt haben, zählt das zweite Paar 20 Punkte zusätzlich, in der Trumpffarbe 40 Punkte.
Durch diese Einschränkung ergibt sich: Wer den »Großen Umgang« und zugleich eine Familie melden kann, muß von den 240 Punkten 20 für das Paar in der Familie abziehen (bzw. 40, wenn es die Trumpffamilie ist).

Das Steigern

Nachdem sich jeder Klarheit über die Stärke seiner Karten verschafft hat, beginnt der Spieler in Vorhand (rechts vom Geber) mit dem Steigern. Er beginnt gewöhnlich mit 150, das heißt: Er hofft, durch Meldungen und Augen in den Stichen zusammen wenigstens 150 Punkte zu erreichen. Nun muß der Spieler in der Mitte (links vom Geber) antworten. Er kann entweder passen, wenn er keine Aussicht hat, auf 150 Punkte zu kommen, oder erhöhen, wenn er sich ein besseres Ergebnis verspricht. Jedes vorangegangene Angebot muß um wenigstens zehn Punkte erhöht werden, doch kann man nach Belieben auch gleich um ein Vielfaches von zehn höhersteigern.
Sobald einer der beiden Spieler paßt, weil er die inzwischen ersteigerte Punktzahl nicht mehr für erreichbar hält, darf der Geber mit dem verbleibenden Spieler weitersteigern, bis auch einer dieser beiden aufgibt.
Der Übrigbleibende übernimmt nun das Spiel, er wird Alleinspieler und muß die zuletzt von ihm genannte Zahl in Meldungen und Stichen erreichen. Um an dieses Ziel zu gelangen, stehen ihm einige Vorrechte zu; das wichtigste: Er darf bestimmen, welche Farbe Trumpf wird. Außerdem darf er die drei Karten des Tapp aufnehmen. Häufig wird ihm auch noch das Recht des »Rufens« einer ihm fehlenden Karte zugestanden. Näheres darüber etwas später.
Zunächst noch ein Beispiel dafür, wie hoch man steigern kann. Hat jemand beim Geben beispielsweise eine Familie bekommen und außerdem die drei Könige der übrigen Farben, so kann er 230 melden: 150 für die Familie (die er ja zur Trumpffarbe erklären wird, wenn er das Spiel übernehmen darf) sowie 80 für die Könige. Schätzt er nun die in den Stichen zu erwartende Punktzahl auf 120, so kann er bis 350 steigern.

Der Spielablauf

Sobald jemand das Spiel ersteigert hat, nimmt er die drei Karten des Tapp auf. Er muß sie den beiden anderen Spielern offen zeigen. Danach darf er sie zu seinen Handkarten stecken. Dadurch verbessern sich seine Meldungen unter Umständen erheblich.

Das Melden: Nun legt zunächst der Alleinspieler sämtliche Meldungen aus, die er auf der Hand hat und erklärt dabei in der Regel gleich, welche Farbe er zum Trumpf machen will. Wenn die Meldungen auf dem Tisch liegen, muß der Alleinspieler drei der restlichen Karten aus seiner Hand »drücken«, zum Ausgleich für die drei Tappkarten. Er legt sie verdeckt vor sich ab, zeigt sie also niemandem. Sie gelten für ihn wie ein Stich. Danach steckt er die Karten seiner Meldungen wieder zur Hand. Der Spieler darf also niemals eine Karte drücken, die er in einer Meldung verwendet hat.

Nachdem der Alleinspieler gemeldet hat, können auch die beiden anderen Spieler alles melden, was sie auf die Hand bekommen haben. Sämtliche Meldungen werden von einem zuvor bestimmten Schriftführer sofort notiert. Gültig werden Meldungen aber nur, wenn der Meldende später wenigstens einen Stich macht. Wer keinen Stich macht, dessen Meldungen werden gestrichen.

Das Stechen: Wenn alle Meldungen abgeschlossen sind und jeder seine 15 Karten wieder auf der Hand hat, beginnt der Spieler in Vorhand (rechts vom Geber) mit dem Ausspiel. Er hat in jedem Falle das Vorrecht, die erste Karte zum ersten Stich hinzulegen, unabhängig davon, wer Alleinspieler ist. Beim Stechen sind zwei Regeln strikt zu beachten: 1. Es muß Farbe bedient werden. 2. Man muß überstechen, wenn man kann. Was »Bedienen« heißt, ist ausführlich im Kapitel »Allgemeines« beschrieben. Der Zwang zum Überstechen muß aber etwas näher erläutert werden. Wird beispielsweise als erste Karte zu einem Stich ein Herz-König hingelegt, so muß jeder folgende Spieler nach Möglichkeit eine Herz-Karte dazulegen. Soweit betrifft es nur das Bedienen. Hat nun jemand beispielsweise Herz-Zehn und Herz-Unter auf der Hand, so muß er auf den König die Zehn legen, weil er überstechen muß, wenn er kann. Hat aber jemand zuvor auf den König das Herz-As geworfen oder gar einen Trumpf, so darf der Unter hingelegt werden, denn nun würde die Zehn ja nicht mehr überstechen.

Daraus ergibt sich eine weitere Regel: Wenn jemand eine angespielte Farbe nicht bedienen kann, muß er nach Möglichkeit trumpfen, weil er ja überstechen muß. Muß nach ihm ein zweiter Spieler ebenfalls trumpfen, weil er nicht bedienen kann, so muß er einen höheren Trumpf nehmen, falls er einen hat.

Spielende

Sobald der letzte Stich gemacht wurde, der zehn Punkte extra einbringt, zählt jeder Spieler die Augen in seinen Stichen. Das Ergebnis wird notiert. Nun stellt sich heraus, ob der Alleinspieler sein Ziel, nämlich die von ihm ersteigerte Zahl, erreicht hat oder nicht.
Hat er sein Ziel erreicht, wird ihm die Gesamtsumme (Addition aus Melde- und Stichpunkten) gutgeschrieben. Den beiden anderen Spielern werden die Punkte ihrer Stiche ebenfalls zu eventuellen Meldepunkten hinzugerechnet und gutgeschrieben.
Verfehlt der Alleinspieler jedoch sein ersteigertes Ziel, bleibt er also unter der ersteigerten Zahl, so werden ihm Melde- und Stichpunkte dieses Spiels gestrichen; sie gelten nicht. Außerdem erhält er das Doppelte seiner ersteigerten Zahl als Minuspunkte abgeschrieben (er kommt »in den Keller«). Melde- und Stichpunkte seiner Gegner behalten aber Gültigkeit.
Um Mißverständnissen vorzubeugen, empfiehlt es sich, die zum Sieg nötige Punktzahl unmittelbar nach dem Steigern zu notieren.
Eine Abrechnung kann also beispielsweise so aussehen:

	A	B	C	gesteigert:
1. Spiel				
gemeldet:	160	10	40	240
gestochen:	130	70	50	
zusammen:	290	80	90	
2. Spiel				
gemeldet:	—	30	210	300
gestochen:	40	100	110	
insgesamt:	330	210	410	

und so weiter.

Die Punkte aus den Stichen werden stets zu vollen Zehnerzahlen auf- oder abgerundet, um das Notieren der Spielergebnisse zu vereinfachen.
Eine Spielpartie besteht aus einer Reihe von Einzelspielen, in denen man eine zuvor vereinbarte Gesamtsumme von Punkten erreichen muß, gewöhnlich 1500. Wer im Verlaufe des Abends als erster diese Grenze überschreitet, ist Sieger. Er erhält von den Verlierern einen Betrag, der sich nach der Höhe der Differenz zu deren Punkten richtet. Im allgemeinen werden je 100 Differenzpunkte mit zehn Pfennigen bezahlt.

Besonderheiten

Neben den eben beschriebenen Grundregeln gelten einige Zusatzregeln, die von Ort zu Ort geringfügig unterschiedlich sein können und deshalb vorheriger Vereinbarung bedürfen. Die wichtigsten dieser zusätzlichen Bestimmungen werden im folgenden aufgeführt.

Durch (oder Durchmarsch): Hat jemand ein so gutes Blatt, daß er hoffen kann, sämtliche 15 Stiche zu machen, so kann er einen »Durch« ansagen. Er hat nun das Vorrecht, als erster auszuspielen, auch wenn er nicht in Vorhand sitzen sollte. Er kann wählen zwischen einem »hingelegten« Durch und einem gespielten. Beim hingelegten muß er die Karten sofort offen auslegen (also »ouvert« spielen). Er zählt im Gewinnfall 1500 Punkte. Der nicht offen hingelegte, sondern aus der Hand gespielte Durch zählt 1000 Punkte. Oft gelten aber auch folgende Quoten: Hingelegter Durch im Gewinnfall 1000 Punkte, aus der Hand gespielter Durch 750 Punkte. Wird bei angesagtem »Durch« auch nur ein einziger Stich an die Gegner abgegeben, ist das Spiel verloren und wird mit der doppelten Punktzahl als Minus notiert.
Der Durch wird in allen Binokelrunden als Ansage akzeptiert, nur seine Bewertung schwankt von Ort zu Ort.

Rufen: Diese Sonderregel wird von »scharfen« Binoklern abgelehnt, macht aber das Spiel in der Familienrunde erheblich reizvoller. Sie besagt: Der Alleinspieler hat das Recht, eine ihm fehlende Karte zu »rufen«, das heißt, von einem anderen Spieler zu fordern. Man ruft natürlich eine Karte, mit der man am meisten melden kann, zum Beispiel die fehlende vierte Karte zum großen Binokel (»Dreihunderter«), oder eine Karte, mit der man zugleich eine Familie vervollständigt und einen Vierling erreicht. Wer ohnehin genug zu melden hat, kann eine beliebige andere Karte rufen, auch eine, die er bereits selbst auf der Hand hat, zum Beispiel das zweite Trumpf-As. Die Rufkarte kann man beim Steigern bereits mit einkalkulieren. Hat also jemand beim Geben zum Beispiel Zehn, König, Ober und Unter in einer Farbe erhalten und außerdem Asse in jeder der drei anderen Farben, so kann er das fehlende As zur Familie rufen, sie zum Trumpf erklären und gleichzeitig vier Asse (»hundert Asse«) melden, zusammen 250 Meldepunkte. Da er mit wenigstens 100 Punkten in den Stichen rechnen darf, kann er getrost auf 350 steigern. Die drei Tapp-Karten bringen ihm vielleicht zudem noch weitere Meldungen.
Das Recht, zu rufen, hat nur der Alleinspieler. Er ruft vor dem Melden. Die gerufene Karte muß derjenige abgeben, der sie hat und am nächsten

zur Rechten des Rufers sitzt. Er erhält als Ersatz dafür eine beliebige Karte des Rufers, gewöhnlich eine wertlose Sieben.
Rufen wird, wie schon erwähnt, nicht in allen Binokelrunden erlaubt. Ist Rufen aber zugelassen, beginnt das Steigern oft gleich bei 300.

Einfach runter: Es kommt gelegentlich vor, daß sich jemand beim Steigern darauf verläßt, im Tapp passende Karten zu finden. Sieht er sich in dieser Hoffnung nach Aufnahme des Tapps getäuscht, so muß er womöglich feststellen, daß er das ersteigerte Ziel bei bestem Willen nicht erreichen kann. In diesem Falle darf er »einfach runtergehen«, das heißt: Er wirft die Karten hin und verzichtet auf das Spiel. Es wird ihm nun die ersteigerte Zahl nur einfach als Minus abgeschrieben (während sie ja bei gespieltem und verlorenem Verlauf doppelt abgezogen würde). Eventuelle Meldungen des Alleinspielers zählen nicht. Hingegen können die Gegner jede Meldung, die sie auf der Hand haben, für sich gutschreiben. Außerdem bekommt jeder der beiden automatisch 50 Pluspunkte zusätzlich, auch wenn er nichts zu melden hatte. Diese Zusatzregel ist allgemein üblich.

Melden aus der Hand: Unter Freunden wird oft vereinbart, daß zur Erleichterung Meldungen nicht offen ausgelegt werden müssen, sondern einfach angesagt werden. Aufmerksamen Spielern fällt es ohnehin im Verlaufe des Spiels auf, ob jemand etwas meldete, was er nicht auf der Hand hatte, oder etwas gedrückt hat, was er meldete.

Bettel: Das ist der Gegenteil eines Durch. Der Spieler darf also überhaupt keinen Stich machen (was dem Nullspiel im Skat entspricht). Dieses Spiel ist aber dem Binokel eigentlich fremd und wird nicht überall gespielt.
Kurze Karte: Man entfernt alle Siebener und spielt nur mit 40 Karten.

Varianten

Kreuzbinokel: Man spielt hier stets zu viert und über Kreuz, das heißt: Je zwei Spieler, die einander gegenübersitzen, sind Partner und spielen den Abend über zusammen. Jeder erhält elf Karten, vier Karten kommen in den Tapp. Melde- und Stichpunkte der Partner werden zusammengezählt, es kann also höher gesteigert werden.
Alles Übrige (Steigern, Rufen, Melden, Stechen) unterscheidet sich nicht vom Dreierspiel.
Viererspiel: Wer den Kreuzbinokel nicht mag, kann zu viert auch folgendermaßen spielen: Der jeweilige Geber setzt für dieses eine Spiel aus, so daß aktiv stets nur drei spielen. Für das Geben erhält er aber 200 Punkte gutgeschrieben. Im übrigen wird wie im Dreierspiel gespielt.

Cego

Cego ist ein Spiel, wie es außerhalb seiner Heimat Südbaden nirgendwo in Deutschland zu finden ist. Es dürfte überhaupt nur wenige Nichtbadener geben, die je davon gehört haben, daß es ein solches Spiel gibt. Und doch ist Cego im Südschwarzwald so populär, daß es in vielen Gaststätten und Bauernhäusern gespielt wird.
Das Spiel ist aus dem uralten Tarock entstanden und wird mit tarockähnlichen Karten gespielt. Wer diese Karten zuvor noch nie gesehen hat, findet sich anfangs nur schwer darin zurecht, weil sie von allem abweichen, was man gewöhnlich an Kartenbildern kennt. Eine recht eigenwillige Zählweise der Punkte erschwert den Umgang mit den Cegokarten zusätzlich. Hat man diese Anfangsschwierigkeiten aber erst einmal überwunden, gewinnt das urtümliche Spiel rasch an Reiz.
Der Name Cego stammt aus den romanischen Sprachen. Im Spanischen heißt »ciego« der »Blinde«. Wir werden sehen, was es mit diesem »Blinden« auf sich hat.
Auch Cego wird in verschiedenen Formen gespielt. Im folgenden ist die Spielweise beschrieben, die in der Gegend von Donaueschingen üblich ist. Hier spielt man in der Regel zu viert. Aber schon wenige Kilometer entfernt, »draußen im Wald«, findet man andere Regeln: Die Südschwarzwälder spielen meistens zu dritt und zählen die Stiche nach einer anderen Methode. Diese Variante wird im Anschluß erläutert.

Das Ziel des Spiels

Wie bei vielen anderen Kartenspielen geht es auch bei Cego allein darum, in den Stichen eine möglichst große Augenzahl zu erreichen. Insofern unterscheidet Cego sich nicht von Skat oder Schafkopf. Die Art aber, wie man Stiche macht, und die Wege, die zum Gewinn führen, sind etwas ungewöhnlich.

Teilnehmer

In der hier zunächst beschriebenen Form wird Cego zu viert gespielt. Dabei wird gewöhnlich einer Alleinspieler und tritt gegen die drei anderen an, die dann nach Möglichkeit zusammenspielen. Von Fall zu Fall werden aber auch Spiele angesagt, bei denen jeder für sich allein auf eigene Rechnung spielt. Es entscheidet sich beim Reizen (auch Steigern genannt), wer Alleinspieler wird und damit ansagen darf, welche Art von Spiel für die folgenden Stiche verbindlich ist.
Partnerschaften über Kreuz, also zwei gegen zwei, gibt es bei Cego nicht. Die häufig zu findende Variante für drei Spieler wird später beschrieben.

Zubehör

Wir kommen nun schon zu einem der schwierigsten Punkte für den, der Cego kennenlernen möchte: zu den Spielkarten.
Man spielt mit 54 Blatt, aber es ist nicht möglich, sie aus irgendwelchen anderen Kartenspielen (etwa Rommé) zusammenzustellen. Man kann nur mit dem Originalblatt spielen, weil darin Werte vorkommen, die sonst völlig unbekannt sind.
(Hinweis für den Bezug über Spielwarengeschäfte, den Schreibwarenhandel oder die Fachabteilungen der Kaufhäuser: Adler-Cego unter der ASS-Bestellnummer 1315/8).
Außer Karten benötigt man noch Geld (Pfennige, Fünf- und Zehnpfennigstücke) oder Spielmarken. Man kann die Spiele auch zur Not mit Knöpfen oder irgendeinem anderen Geldersatz abrechnen oder Spielpunkte notieren.

Die Karten und ihre Rangfolge

Die 54 Karten lassen sich in drei Gruppen einteilen: 22 Trümpfe (»Trocks« genannt), 16 Bilder und 16 »leere« Karten.

Die Trocks: Der Name ist die Dialektform von Tarocks. Alle 22 Trocks sind Trümpfe (»Stecher«). 21 von ihnen sind numeriert mit den Zahlen von 1 bis 21. Die Nummer 1 ist der niederste, die Nummer 21 der zweithöchste Trumpf. Über der 21 rangiert nur noch der allerhöchste Trock, der jedoch keine Nummer hat. Er wird »Stieß« genannt.

Außer dem Stieß haben auch noch die Nummern 1 und 21 besondere Namen und eine besondere Rolle. Die Nummer 1 ist »der kleine Mann« (auch »Pagat« oder »'s Bapperle« genannt), die Nummer 21 ist der »Mond«. Die übrigen Trocks werden nur mit ihren Nummern benannt.
Der »kleine Mann« wird vom Trock 2 gestochen, der Dreier kann die Nummer 2 stechen, der Vierer den Dreier und so weiter bis zum Stieß, der den Mond und alle anderen Karten sticht. Außer ihren Nummern zeigen die Trocks Zeichnungen mit ländlichen Szenen oder mit Tieren. Der Trock 1 zeigt eine Narrenfigur (den »kleinen Mann«), den Stieß ziert eine jokerähnliche Figur.
Wir stellen Ihnen hier die Trocks 1, 21 sowic den Stieß vor.

Die Bilder: Neben den Trocks gibt es Karten in den gewohnten Farben Kreuz, Pik, Herz und Karo. Außer den bekannten Figuren König, Dame und Bube tritt hier aber eine zusätzliche auf, der Cavall (Reiter), eine Figur zu Pferde. Dieser Cavall rangiert im Wert zwischen der Dame und dem Buben, so daß sich folgende Rangfolge von oben nach unten ergibt: König, Dame, Cavall, Bube.

Vier Bilder in vier Farben ergeben zusammen 16 Bildkarten. Sie stechen zwar nicht (außer die niedrigen Karten der gleichen Farbe), sind aber wegen ihrer Augenpunkte wichtige Zählkarten in den Stichen.

Die leeren Karten: Die restlichen 16 Karten sind »leer«, das heißt, ohne großen Zähl- und Stechwert. Auch sie tragen die Zeichen Kreuz, Pik, Herz und Karo. Ihre Reihen- und Rangfolge aber ist zunächst ein wenig verwirrend:
In den roten Farben Herz und Karo haben die Leerkarten die Werte 1 (As) bis 4, und zwar ist die 1 die höchste, sticht also die 2, die 3 und die 4. Die 4 ist demnach in den roten Farben die niederste Karte überhaupt. In den schwarzen Farben Kreuz und Pik haben die Leerkarten die Werte 10 bis 7; hier ist 10 die höchste und 7 die niederste.

Damit haben wir alle 54 Karten kennengelernt. Die gegensätzlichen Rangfolgen unter den roten (zahlenaufwärts) und den schwarzen Leerkarten (zahlenabwärts) muß man sich besonders einprägen.

Die Kartenwerte

Von sämtlichen 54 Karten haben nur 19 einen Zählwert in den Stichen, nämlich alle 16 Bilder sowie die Trocks Nummer 1 (der »kleine Mann«), Nummer 21 (der »Mond«) und der Stieß. Der höchste Augenwert, den eine Karte überhaupt haben kann, ist fünf.

Es zählen:

Trock 1, Trock 21 und Stieß je	5 Augen
Die vier Könige je	5 Augen

Die vier Damen je	4 Augen
Die vier Cavalls je	3 Augen
Die vier Buben je	2 Augen

Rechnet man alle Punkte zusammen, erhält man 71 Augen. Insgesamt aber gibt es beim Viererspiel 79 Augen. Die fehlenden 8 Augen werden durch eine besondere Zählweise in den Stichen erreicht. Diese etwas komplizierte Zählmethode wird später erläutert, wenn die Rede auf die Abrechnung kommt.
Etwas vereinfacht kann man zunächst einmal festhalten: Alle Leerkarten und die Trocks von Nummer 2 bis Nummer 20 zählen nichts (genauer gesagt: fast nichts, aber darauf kommen wir ja später zurück). Um zu gewinnen, muß man von den insgesamt 79 Augen des Spiels mehr als die Hälfte in den eigenen Stichen haben. Man gewinnt also mit 40 oder mehr Augen und verliert mit 39 oder weniger Augen.

Spielvorbereitung

Die Karten werden gemischt und ohne Abheben folgendermaßen verteilt: Zunächst zählt der Geber zehn Karten nacheinander ab und legt sie beiseite. Diese Karten sind »der Blinde«, und wir werden gleich erfahren, was es damit auf sich hat; sie werden jedenfalls zunächst von niemandem aufgenommen. Nach dem »Blinden« zählt der Geber elf Karten nacheinander ab und gibt sie ebenfalls verdeckt, also mit den Rückseiten nach oben, seinem rechten Nachbarn. Es sei wiederholt: dem rechten (!) Nachbarn. Fast alle bekannten Kartenspiele laufen linksherum ab, also im Uhrzeigersinne. Bei Cego aber erfolgt das Geben und danach auch das Stechen rechtsherum, entgegen dem Uhrzeigersinne also.
Der Geber teilt in gleicher Weise dem zweiten und dritten Spieler je elf Karten auf einmal zu und gibt sich selbst die restlichen elf.
Jeder nimmt seine Karten zur Hand, ordnet sie nach Farben und Trocks und innerhalb der Trocks möglichst nach Nummern, um sich einen Überblick über die Qualität seines Blattes zu verschaffen.
Anschließend wird gereizt, um festzustellen, wer das Spiel machen darf. Um das Reizen zu verstehen, muß man wissen, welche verschiedenen Spielstufen man sich ersteigern kann. Wir stellen Ihnen hier zunächst also die verschiedenen Spielarten vor.

Cego

Das häufigste Spiel ist »Cego«. Derjenige, der es sich ersteigert, darf seine Handkarten ablegen und dafür die 10 Karten des »Blinden« nehmen. Was er abgelegt hat (seine »Legage«), zählt für ihn bereits als Stiche, diese Augen sind ihm also sicher. Mehr noch: Da er mit dem Blinden nur zehn Karten aufnimmt, darf er aus seiner Handkarte eine behalten, in der Regel sogar zwei, so daß er zunächst 12 Karten besitzt. Die schlechteste davon kann er dann zusätzlich »verlegen«, das heißt: zu seiner Legage legen (»drücken« würde man im Skat sagen).

Die Steigerungsstufen bei »Cego« beruhen nun darauf, wie viele Karten der Spieler aus seiner Handkarte behalten darf (zwei oder nur eine) und welche (beliebige oder leere).

Wird nur »Cego« angesagt und niemand steigert höher, so darf der Spieler zwei beliebige seiner Handkarten behalten (er behält natürlich die beiden besten Trocks!), legt die übrigen ab, nimmt erst dann den »Blinden« auf und verlegt (drückt) danach die überzählige zwölfte Karte, eine hohe Zählkarte zum Beispiel, mit der er keinen Stich zu machen hofft.

Will aber ein anderer ebenfalls mit dem Blinden spielen, so kann er ein höheres Angebot abgeben: Er verpflichtet sich, nur eine einzige seiner Handkarten zu behalten, hat nun also nicht die Möglichkeit, eine unpassende Karte aus dem Blinden zu verlegen. Wer glaubt, mit dieser Einschränkung spielen zu können, erwidert auf die Ansage »Cego«: »Mit einer«, was eben bedeutet, er spielt mit dem Blinden und behält nur eine einzige seiner Handkarten, natürlich den besten Trock.

Weitere Steigerungsmöglichkeiten sind nun: »Eine leere«, was bedeutet, daß der Ansager nicht irgendeine beliebige seiner Handkarten behält, sondern verpflichtet ist, eine leere zurückzubehalten. Er darf also weder einen Trock noch ein Bild zum Blinden herübernehmen, sondern nur eine der 16 leeren Karten.

Die nächste Steigerungsstufe versteht sich nun schon von selbst: »Zwei leere!« Der Spieler verpflichtet sich, zwei leere Karten zum Blinden mitzunehmen, wobei er zwei Karten aus einer einzigen Farbe wählen kann. Er verpflichtet sich zugleich, den niedrigsten Trock, den er im Blinden findet, zu verlegen.

Nächste Stufe: »Zwei verschiedene leere!« Der Spieler muß zwei leere Karten von verschiedener Farbe behalten und ist außerdem verpflichtet, den höchsten Trock, den er im Blinden findet, zu verlegen. Man kann verlangen, daß er neben der Legage abgelegt wird, damit am Schluß geprüft werden kann, ob wirklich der höchste Trock verlegt wurde.

Letzte und höchste Steigerungsstufe ist: »Pagat« oder »kleiner Mann«. Der Spieler behält aus seiner Handkarte nur eine einzige, und zwar den Trock Nummer 1, den »kleinen Mann«. Aus dem Blinden muß er keine Karte verlegen, da er mit der einen zurückbehaltenen Handkarte nur insgesamt elf Karten hat. Er ist aber verpflichtet, den »kleinen Mann« sofort auf den Tisch zu legen. Diese Karte, die immerhin fünf wertvolle Augen zählt, wird nun also umgehend von den Gegnern weggestochen.
Damit haben wir alle Steigerungsstufen des »Cego« kennengelernt. Cego wird aber nur angesagt, wenn nicht ein anderer Spieler zuvor »Solo« angekündigt hat.

Solo

Hat ein Spieler acht oder mehr Trocks auf die Hand bekommen, so muß er Solo ansagen, das heißt: Er spielt nun mit seiner Handkarte, darf also den Blinden nicht aufnehmen. Die zehn Karten des Blinden zählen aber trotzdem für ihn, als wären es seine Stiche.
Ein Solo muß auch dann angesagt werden, wenn jemand sieben Trocks hat, wovon zwei höher als 17 sind, und er außerdem nur noch Karten in zwei Farben hat.
Hat jemand weniger als sieben Trocks, ist es ihm freigestellt, ob er Solo oder lieber Cego spielen will.
Hat jemand eine so gute Karte, daß er eigentlich ein Solo melden müßte, möchte aber kein Solo spielen, so kann er sich darum drücken: Er kann das Solo »schinden«, wie man sagt. Er kann dabei Glück haben, nämlich dann, wenn niemand merkt, daß da einer ein Soloblatt auf der Hand hat. Sollte aber ein anderer aufgrund seiner Karten oder nach Aufnahme des Blinden den Verdacht haben, daß jemand ein Solo geschunden hat, kann er Aufdecken der Karten verlangen. Stellt sich heraus, daß tatsächlich jemand ein Solo nicht angesagt hat, wird dem Schinder das Spiel als verloren abgeschrieben, und zwar so, als hätte er keinen Stich gemacht. Stellt sich der Verdacht jedoch als unbegründet heraus, so verliert derjenige, der Aufdecken der Karten verlangt hatte.
Häufig (vor allem im Viererspiel) wird aber auch so gespielt, daß es nicht Pflicht ist, ein Solo zu melden. Es ist dann jedem freigestellt, Solo anzusagen oder nicht, auch wenn er elf Trocks auf der Hand haben sollte. Man muß eben vorher vereinbaren, ob die Ansage Solo Pflicht ist oder nicht.

Gegensolo

Ähnlich wie die Ansage »Cego« kann auch die Meldung »Solo« noch weiter gesteigert werden.
Wird ein Solo angesagt, so müssen, wenn niemand dagegen gehen will, alle anderen Spieler das Solo durch die Erklärung »Gut!« akzeptieren. Damit kann Solo gespielt werden.
Hat aber bei gemeldetem Solo ein anderer Spieler wenig Trocks, aber viele Zählkarten, so kann er vermuten, daß im Blinden einige Trocks zu finden sein könnten. Zusammen mit seiner hohen Legage könnte er also durchaus ein Spiel wagen. In diesem Falle kann er das Solo stören. Er sagt nun nicht »Gut!«, sondern: »Ich gehe dagegen!« In diesem Augenblick ist der Solomelder von seiner Spielverpflichtung befreit. Er kann nun passen, indem er »Gut! sagt. Dann spielt der Gegner, aber nun nicht Solo, sondern Cego. Er darf also den Blinden aufnehmen.
Will der Solomelder aber trotz der Gegenansage spielen, sagt er: »Selbst!«, das heißt, er will von seinem Vorrecht Gebrauch machen, als Erstansager das Spiel zu machen. Nun kann der Gegner die Waffen strecken und »Gut!« sagen. Er kann den Solomelder aber auch weiter reizen. In diesem Falle steigert er in der schon bekannten Weise weiter: »Mit einer!« Der Solist kann schließlich mit der höchsten Ansage »Pagat!« das Spiel endgültig an sich reißen. Gegensolos in diesen Steigerungshöhen sind aber verhältnismäßig selten.

Weitere Spiele: Bettel, Piccolo, Räuber

Wurde kein Solo angesagt, so kann ein beliebiger Spieler »Piccolo« ankündigen. Wer dieses Spiel ansagt, muß exakt einen einzigen Stich machen, keinen mehr und keinen weniger. Bleibt er ohne Stich oder muß er zwei Stiche machen, hat er verloren.
Wurde weder Solo noch Piccolo angesagt, kann »Bettel« gespielt werden. Das ist ein Spiel, das dem »Null« im Skat entspricht. Der »Bettler« darf keinen einzigen Stich machen. Sobald er einen Stich machen muß, und sei es einer mit lauter leeren Blättern, hat er das Spiel sofort verloren.
Wurde weder Solo noch Piccolo noch Bettel gemeldet, so sagt der Spieler in Vorhand (rechts vom Geber) »Cego« an. Wird nun nicht nach der zuvor beschriebenen Weise höher gesteigert, kann Vorhand statt Cego auch »Räuber« spielen. Er muß dies aber ansagen. »Räuber« entspricht dem

Ramsch im Skat. Es verliert also derjenige, der die meisten Augen in seinen Stichen hat. Der Blinde wird dabei nicht aufgenommen, er wird nicht mitbewertet.

Der Spielablauf

Wir haben nun alle möglichen Spielarten des Viererspiels kennengelernt und können uns dem eigentlichen Spiel zuwenden.
Nach dem Geben wird zunächst einmal erklärt, ob jemand »Solo« zu melden hat. Als erster ist Vorhand (rechts vom Geber) an der Reihe. Will er kein Solo spielen, sagt er »Fort Solo!« oder einfach »Fort!« Jetzt ist sein rechter Nachbar an der Reihe und sagt entweder »Solo!« oder »Fort!«, und so geht es der Reihe nach weiter.
Wurde kein Solo gemeldet, so ist erneut Vorhand an der Reihe und erklärt »Cego!«, falls nicht ein anderer »Piccolo!« oder »Bettel!« gerufen hat, was Vorrang hätte. Folgt auf die Ansage »Cego!« keine Erwiderung, so erhält Vorhand das Spiel und kann nun entweder »Räuber« ansagen, wobei er den Blinden liegenlassen muß, oder er spielt tatsächlich Cego, legt neun seiner elf Handkarten verdeckt ab, nimmt den Blinden auf, verlegt eine Karte daraus zu seinen abgelegten Handkarten und beginnt mit dem Ausspiel. Man beachte: Nicht Vorhand spielt aus, sondern stets der Alleinspieler. Beim Stechen gilt folgende Regel:
Es muß nach Möglichkeit Farbe bedient werden (was »Bedienen« bedeutet, ist im Kapitel »Allgemeines« beschrieben). Wer die angespielte Farbe nicht bedienen kann, muß mit einem Trock stechen. Man darf also eine unbequeme Karte einer anderen Farbe nur abwerfen, wenn man keinen Trock hat und nicht bedienen kann. Wurde ein Trock angespielt, muß mit Trock bedient werden.
Sind alle elf Stiche gemacht, werden die Augen gezählt, wobei Legage oder Blinder den Stichen des Hauptspielers zugerechnet werden.

Abrechnung

Das Zusammenzählen der Augen ist eine kleine Mathematik für sich. So verzwickt, wie es sich zunächst anhören mag, ist es aber nach kurzer Übung nicht mehr.

Man muß sich nur merken: Es werden beim Zählen stets zwei Karten aus den Stichen zusammengenommen, nie eine allein. Das hat folgenden Grund: Sind die beiden Karten, die man gerade zusammenzählen will, zwei leere Karten oder Trocks, die eigentlich nichts zählen, so dürfen sie zusammen mit einem Punkt berechnet werden.
Ist unter den beiden Karten eine Zählkarte und eine leere, so wird die Zählkarte voll berechnet, die leere zählt nichts.
Sind aber beide Karten Zählkarten, so wird von der Summe der beiden ein Punkt abgezogen, gewissermaßen als Strafe dafür, daß bei dieser Kombination eine leere Karte fehlt.
Man kann es ausprobieren, sooft man will: Wie auch die Karten gemischt sein mögen, man kommt bei dieser Zählweise stets auf 79 Augen.
Hat der Alleinspieler nun mehr als die Hälfte davon, also wenigstens 40 Augen, so hat er gewonnen. Er gewinnt um so höher, je mehr Augen er in seinen Stichen hat, und zwar bringen je fünf Augen mehr einen um eine Stufe höheren Gewinn.
Als Grundbetrag wird gewöhnlich die Zahlung von fünf Pfennigen vereinbart. Dieser Grundbetrag wird nun mit der errechneten Gewinnstufe multipliziert und wird von jedem Verlierer an den Gewinner bezahlt. Verliert aber der Hauptspieler, bezahlt er denselben Betrag an alle drei Gegner.
Wird zunächst in Punkten abgerechnet, ergibt sich folgende Tabelle für das Spiel zu viert:

Steigerung:		Erreichte Augenzahl in den Stichen:							
		40–44	45–49	50–54	55–59	60–64	65–69	70–74	75–79
		Punktzahl:							
Cego	= 1fach	1	2	3	4	5	6	7	8
mit einer	= 2fach	2	4	6	8	10	12	14	16
eine leere	= 3fach	3	6	9	12	15	18	21	24
zwei leere	= 4fach	4	8	12	16	20	24	28	32
2 versch. leere	= 5fach	5	10	15	20	25	30	35	40
Pagat	= 6fach	6	12	18	24	30	36	42	48

Eine etwas einfachere Abrechnung (in Geld) bewertet jedes über 40 hinaus gestochene Auge mit einem halben Pfennig, abgerundet auf volle fünf Pfennige, so daß beispielsweise bei »Cego« mit 61 Augen (21 mehr als nötig) zusätzlich zum Grundbetrag von fünf Pfennigen noch weitere zehn Pfennige an den Gewinner zu bezahlen wären, und zwar von jedem der drei

Gegner. Die Grundbeträge werden den Steigerungsstufen entsprechend vervielfacht. Verliert der Spieler, wird alles verdoppelt. Macht er überhaupt keinen Stich, so zählt auch die Legage oder der Blinde nicht für ihn. Er hat dann null Augen.
Ein Piccolo kostet jeden der drei Gegenspieler 30 Pfennige, verliert aber der Hauptspieler, muß er an jeden der drei Gegner 30 Pfennige bezahlen. Ein Bettel wird mit 20 Pfennigen honoriert. Wird Räuber gespielt, muß der Verlierer (der mit den meisten Augen) an die drei Gegner je zehn Pfennige bezahlen. Verliert derjenige, der »Räuber« ansagte, zahlt er doppelt.

Das Spiel zu dritt

Man spielt mit nur 51 Karten, entfernt deshalb die Werte Karo 4 sowie Pik 7 und Kreuz 7. In den Blinden werden zunächst zwölf Karten gelegt, danach erhält jeder Spieler 13 Karten.
Es wird Solo oder Cego gespielt. Beide Spielansagen können in der bereits beschriebenen Weise weitergesteigert werden.
Beim Spiel zu dritt ist es gewöhnlich Pflicht, ein Solo zu melden, wenn man die entsprechende Anzahl von Trocks auf der Hand hat.
Die Spiele Piccolo, Bettel und Räuber werden zu dritt in der Regel nicht gespielt.
Beim Zählen der Augen werden nicht jeweils zwei, sondern drei Karten zusammengelegt. Sind alle drei leer oder Trocks ohne Zählwert, so gelten die drei Karten zusammen einen Punkt. Ist eine Zählkarte mit zwei nichtzählenden vereint, gilt die Augenzahl voll. Sind zwei Zählkarten mit einer leeren verbunden, wird ein Auge abgezogen. Sind alle drei Karten Zählkarten, werden zwei Augen abgezogen. Auf diese Weise ergeben sich stets 70 Augen; man gewinnt also mit 36 und verliert mit 35 Augen.

Gaigel

Gaigel ist, etwas vereinfacht gesagt, eine schwäbische Variante von Sechsundsechzig, mit dem Unterschied freilich, daß es mit doppelt soviel Karten und gewöhnlich zu viert gespielt wird. Dadurch und durch andere Zusätze ist es abwechslungsreicher zu spielen als das einfache Sechsundsechzig. Gaigel wird fast nur im Schwabenland gespielt und hier vor allem in Nordwürttemberg. Dort ist es aber so populär wie Skat in Berlin oder Schafkopf in Bayern. Wie alle »Lokalspiele« wird auch Gaigel von Ort zu Ort nach unterschiedlichen Regeln gespielt, die Unterschiede sind jedoch gering. Im folgenden wird die Spielweise beschrieben, die im Remstal üblich ist.

Das Ziel des Spiels

Man muß, wenn man zu viert spielt, mit seinem Partner gemeinsam auf 101 Augen (Punkte) kommen, die man aber nicht nur in Stichen, sondern auch zusätzlich durch »Meldungen« bestimmter Kartenkombinationen erreichen kann. Wer das Ziel von 101 Augen erreicht hat, bricht das Spiel sofort ab, unter Umständen auch mitten in einem Stich, denn: Wer jetzt noch weiterspielt, verliert das Spiel!

Zubehör

Man spielt mit 48 Karten, und zwar stilecht mit dem Gaigel- oder Binokelblatt mit Württemberger Bild. Es zeigt die deutschen Zeichen Eichel, Schippe, Herz und Schelle.
(Hinweis für den Bezug: Gaigel/Binokel-Karte unter der ASS-Bestellnummer 1462/0 über den Spiel- oder Schreibwarenhandel sowie über Fachabteilungen der Kaufhäuser.)
Man kann sich behelfen, indem man die nötigen 48 Karten aus zwei Skatspielen zusammenstellt: Man entfernt daraus sämtliche Achter und Neuner und läßt von den niedrigen Karten nur die Siebener im Spiel. Alle Werte sind im Gaigelspiel doppelt vorhanden.

Teilnehmer

Man spielt gewöhnlich zu viert, und zwar »über Kreuz« (Kreuzgaigel): Je zwei Spieler, die einander gegenübersitzen, bilden den ganzen Abend über eine Partnerschaft.
Man kann Gaigel auch zu dritt und zu zweit spielen.
Die Partner beim Viererspiel finden sich durch das Los (durch »Umschlagen«): Ein Spieler teilt reihum im Uhrzeigersinn jedem Spieler eine Karte aus, und zwar offen, also mit der Bildseite nach oben, und danach notfalls weitere Runden, bis das erste As fällt. Dieser Spieler wird Geber des ersten Spiels. Sein Partner wird, wem das zweite As zufällt.

Die Karten und ihre Rangfolge

Die vier Farben Eichel, Schippe, Herz und Schelle setzen sich aus je sechs verschiedenen Karten zusammen, und zwar in der Rangfolge des Stechens von oben nach unten:
As, Zehn, König, Ober, Unter, Sieben.

Wie schon erwähnt, ist jeder dieser Werte gleich zweimal im Spiel. Es gibt also in jeder Farbe zwei Asse, zwei Zehner und so weiter.
Man beachte, daß die Zehn unmittelbar nach dem As folgt; sie sticht demnach den König von gleicher Farbe.
König und Ober (Dame) spielen im Gaigel eine besondere Rolle. Wer diese beiden Karten in gleicher Farbe auf der Hand hat, darf ein Paar melden, und solche Meldungen sind oft spielentscheidend.

Die Kartenwerte

In den Stichen haben die Karten den in fast allen Spielen üblichen Punktwert:

Jedes As zählt	11 Augen
jede Zehn	10 Augen
jeder König	4 Augen
jeder Ober	3 Augen
jeder Unter	2 Augen
jeder Siebener	0 Augen
macht zusammen	30 Augen

Da jeder dieser Kartenwerte achtmal im Spiel vorhanden ist (zweimal in jeder Farbe), summiert sich die Gesamtpunktzahl aller Karten auf 8 x 30 = 240 Augen. Es kommt bei Gaigel aber nicht, wie bei den meisten anderen Spielen, darauf an, mehr als die Hälfte dieser Augenzahl in Stichen zu erhalten. Die magische Zahl für Gaigel ist 101. Es geht nur darum, als erster über diese Schwelle zu kommen. Deshalb werden im Gaigel die meisten Einzelspiele nicht bis zur letzten Karte gespielt, sondern irgendwann zwischendurch abgebrochen, sobald jemand die Zahl 101 erreicht oder überschritten hat.

Spielvorbereitung

Auf welche Weise die Partner einander finden, haben wir bereits erfahren. Der erste Geber mischt nun und läßt abheben (Näheres darüber im Kapitel »Allgemeines«). Daraufhin teilt er jedem Spieler zunächst drei, danach jedem weitere zwei Karten aus, und zwar nicht linksherum, wie in den meisten Spielen üblich, sondern rechtsherum, also entgegen dem Uhrzeigersinn. Und gleich eine weitere Besonderheit, die an Stammtischen strikt eingehalten wird: Klopft der Spieler, der eigentlich abheben sollte, mit der Faust auf das Kartenpaket, gibt er damit kund, daß er aufs Abheben verzichtet. In diesem Falle muß der Geber jedem Spieler die fünf Karten auf einmal austeilen.
Zwanzig Karten werden also ausgegeben. Die folgende 21. Karte wird umgedreht und offen auf den Tisch gelegt, mit der Bildseite nach oben. Sie bestimmt für dieses Spiel die Trumpffarbe. Der restliche Kartenstapel wird so obendrauf gelegt, daß die trumpfbestimmende Karte halb darunter hervorragt, der Reststapel natürlich mit den Rückseiten nach oben.
Nach dem Geben nimmt jeder seine fünf Karten zur Hand und ordnet sie nach Farben und Werten.

Spielanfang

Irgendeine Spielansage erfolgt im Gaigel nie. Stets beginnt der Spieler in Vorhand (rechts vom Geber) mit dem Ausspiel. Er hat dafür zwei Möglichkeiten: Elfern oder Tauchen.

Elfern (Asse-Spielen): Besitzt Vorhand ein As in einer anderen als der Trumpffarbe, so kann er es als erste Karte ausspielen. Alle anderen legen nun eine beliebige Karte hinzu. Farbe muß also nicht bedient werden. (Was Bedienen bedeutet, ist im Kapitel »Was jeder Kartenspieler wissen muß« erläutert.) Getrumpft wird in dieser ersten Stichrunde noch nicht. Die beiden Gegner des Vorhandspielers werden also möglichst niedrige Karten abwerfen, der Partner wird eine möglichst hohe Karte »schmieren«.

Tauchen (»runtergehen«): Besitzt der Spieler kein As (oder nur das Trumpf-As, das nie als erste Karte gespielt wird), so muß er »tauchen«, das heißt, er legt eine beliebige seiner Handkarten verdeckt vor sich auf den Tisch (aber natürlich keine Trumpfkarte). Alle anderen legen nun ebenfalls eine Karte verdeckt vor sich hin, also mit den Rückseiten nach oben. Liegen alle vier Karten, dreht Vorhand die ihre um, danach alle anderen auch. Der Stich gehört dem, der mit der höchsten Karte in der von Vorhand angespielten Farbe getaucht war. Getrumpft wird auch hierbei noch nicht. Hat also jemand aus Versehen eine Trumpfkarte hingelegt, wird sie nicht als Trumpf bewertet, sondern nur als gewöhnliche Farbkarte. Hat niemand eine höhere Karte in der Vorhandfarbe abgelegt oder hat gar überhaupt niemand die Vorhandfarbe erraten, so gehört der Stich Vorhand.

Vorhand darf auch mit einem As »tauchen«, muß dies jedoch ankündigen, indem er sagt: »Das zweite As!« Hat nun jemand mit Glück dasselbe As hingelegt, so sticht dieses, denn die Ankündigung von Vorhand bedeutet, daß sein As, sofern zwei gleiche auftauchen sollten, nicht als zuerst ausgespieltes gilt, also nicht sticht. Man kann übrigens mit einem As tauchen und es als »das zweite« ankündigen, wenn man selbst beide Asse auf der Hand hat. Dieser kleine Kunstgriff ist durchaus üblich. Wer in Vorhand beim Geben As und Zehn von gleicher Farbe oder gar beide Asse und die Zehn erhält, taucht gewöhnlich mit der Zehn.

Der weitere Spielablauf

Nach dieser ersten Stichrunde, die in allen, also auch den folgenden Spielen stets auf die beschriebene Weise abläuft, wird »normal« weitergespielt. Jetzt wird in der bekannten Weise gestochen (Beschreibung unter »Allgemeines«).

Wer einen Stich gemacht hat, muß sich die oberste Karte vom Reststapel nehmen, der auf dem Tisch liegt. Nach ihm nehmen alle anderen der Reihe nach (entgegen dem Uhrzeigersinn) ebenfalls je eine, so daß jeder vor dem Ausspiel zum nächsten Stich stets fünf Karten auf der Hand hat, solange noch Restkarten auf dem Tisch sind. Wie gewohnt, spielt stets derjenige die erste Karte zum folgenden Stich aus, der den vorhergegangenen Stich übernommen hat.

Für das Stechen ist nun beim Gaigelspiel eine Besonderheit zu beachten: Solange noch Karten abgehoben werden können (vom Reststapel auf dem Tisch), so lange muß man weder Farbe bedienen noch trumpfen. Man kann also auf eine angespielte Karte jede beliebige seiner Handkarten legen. So kann man beispielsweise ein As mit einem Trumpf stechen, selbst wenn man Karten der angespielten Farbe auf der Hand hat. Das erfordert eine ganz eigene Spieltaktik.

Sobald jedoch die letzte der Restkarten vom Abhebestoß genommen wurde (es ist die anfangs zur Trumpfbestimmung umgedrehte Karte), muß Farbe bedient und nach Möglichkeit überstochen werden. Das bedeutet: Wird nun beispielsweise Herz-Ober angespielt und man selbst hat Herz-Sieben und Herz-Zehn auf der Hand, so muß man mit der Zehn überstechen. Kann jemand die angespielte Farbe nicht bedienen, so muß er nun trumpfen (weil jetzt ja Zwang zum Überstechen besteht). Nur wer weder die angespielte Farbe noch einen Trumpf hat, darf dann eine beliebige andere Karte abwerfen. Aber wie gesagt: Diese Regel des Bedienens und Überstechens gilt erst, nachdem alle Karten vom Reststapel aufgenommen wurden, also nur für die letzten fünf Stiche. Gewöhnlich ist das Spiel aber schon vorher zu Ende.

Meldungen

Es können nur Paare gemeldet werden, also König und Ober von gleicher Farbe. Jedes Paar gilt 20 Punkte, das Paar in der Trumpffarbe aber 40. Man sagt beim Melden einfach »Zwanzig« oder »Vierzig« an und zeigt eine oder beide Karten her. Allerdings darf nur melden, wer bereits einen Stich gemacht hat; dann aber darf auch der Partner melden, selbst wenn er noch nicht gestochen hat. Entsprechend muß die Gegenpartei wenigstens einen Stich haben, ehe sie melden kann. Man darf aber bereits in den ersten sicheren Stich hineinmelden. Spielt beispielsweise jemand Trumpf-As aus (das ja nicht gestochen werden kann), so kann sein Partner ein vorhandenes Trumpfpaar melden, wenn er eine der beiden Karten ausspielen muß,

auch dann, wenn er und sein Partner zuvor noch keinen Stich gemacht hatten.
Die Meldepunkte werden den Stichaugen sofort hinzugezählt. Zur Kennzeichnung einer Meldung wird eine gleichfarbige Karte aus den Stichen umgedreht und offen, mit der Bildseite nach oben, halb unter die restlichen Karten der Stiche geschoben.

Diß rauben

Wer die Trumpf-Sieben (den »Diß«) auf die Hand bekommt, darf damit die trumpfbestimmende Karte unter dem Abhebestoß rauben, sofern seine Partei schon einen Stich gemacht hat. Er tauscht dazu die beiden Karten einfach aus. Meistens wird dieser Raub zunächst nur angekündigt: Man steckt den Diß unter die Trumpfkarte, läßt diese aber vorläufig liegen. Damit erwirbt man eine Art Vorkaufsrecht. Der Gegner kann diese Trumpfkarte nun nicht mehr rauben, man bietet aber dem Partner diese Möglichkeit, falls er den zweiten Diß bekommen sollte (denn im Gaigel sind ja alle Karten doppelt vorhanden!). Fällt der zweite Diß jedoch im Stich, kann natürlich ohne Rücksicht auf den Partner geraubt werden. Die Trumpfkarte muß aber in jedem Falle spätestens vor der letzten Abheberunde geraubt sein. Wer also den Diß erst unter den letzten vier Karten findet, darf nicht mehr rauben.

Spielende

Einer der beiden Partner nimmt während des Spiels die Stiche an sich und zählt laufend die Augen mit und eventuelle Meldepunkte hinzu. Er selbst kann seine Meldungen bis zuletzt zurückhalten (um den Gegner zu täuschen); der nichtzählende Partner dagegen meldet seine Paare möglichst bald. Es kommt beim Gaigeln ja allein darauf an, als erster auf 101 Punkte zu kommen. Wer diese Punktzahl erreicht hat, sagt mitten im Spiel »Aus!« und bricht damit die Runde ab. Dabei geht »Ausmelden« vor »Aussagen«. Hat beispielsweise eine Partei 61 Augen gestochen, die andere 100, so kann die 61-Augen-Partei sofort ausmachen, wenn sie ein Trumpfpaar melden kann, auch mitten in einen Stich hinein. Sie siegt also auch dann, wenn die 100-Punkte-Partei bereits das Trumpf-As ausgespielt haben sollte, den nächsten Stich also mit Sicherheit bekommen würde und damit selbst über 101 käme.

Abrechnung

Es werden in der Regel nur Minuspunkte berechnet. Die verlierende Partei erhält einen Minuspunkt. Hat sie überhaupt keinen Stich gemacht, werden ihr zwei Punkte abgeschrieben. Das Ergebnis wird gewöhnlich nicht aufgeschrieben, sondern mit Hilfe irgendwelcher Spielmarken festgehalten. Eine der vielen möglichen Abrechnungsarten: Pro Minuspunkt wird ein Bierdeckel oder Streichholz ausgeteilt, bis zehn verteilt sind. Danach wird »geputzt«, das heißt, nun legen die Gewinner pro Pluspunkt einen Deckel ab. Wer als erster keinen Deckel mehr hat, ist Sieger. Die verbliebenen Deckel beim Gegner geben die Differenz an, die Höhe des Gesamtsieges.

Fehler im Spiel

Das genaue und laufende Mitzählen aller Stich- und Meldepunkte ist deshalb wichtig, weil man durch »Übergaigeln« oder »Untergaigeln« das Spiel verlieren kann. Untergaigeln bedeutet: Jemand sagt »Aus!«, und es stellt sich beim Nachzählen heraus, daß er weniger als 101 Augen hat. Übergaigeln bedeutet: Eine Partei hat bereits 101 Augen und spielt trotzdem noch eine Karte zu einem weiteren Stich aus. Erfahrene Gaigler zählen deshalb nicht nur die eigenen, sondern auch die Punkte der Gegenpartei laufend mit. Da das Mitzählen eine so spielentscheidende Rolle hat, ist es erlaubt, das Spiel zu unterbrechen, um sich Gewißheit über den Punktestand zu holen, das heißt, die Stiche nachzuzählen. Man kann aber auch vereinbaren, daß dieses Nachzählen nicht erlaubt sei.
Untergaigeln, Übergaigeln oder falsches Tauchen bedeutet Verlust des Spiels mit zwei Minuspunkten, als hätte man überhaupt keinen Stich gemacht.

Fünf Siebener

Wer beim Geben fünf Siebener auf die Hand bekommt, kann seine Karten hinlegen und gewinnt sofort.
Erhält jemand vier Siebener, so kann er hoffen, einen fünften beim Abheben zu ziehen. In diesem Falle sagt er »Auf Siebener« an und wirft nun stets die fünfte Karte ab, wobei er auch dann nicht sticht, wenn er Trumpf abwerfen müßte. Hat er das Glück, den fünften Siebener beim Abheben zu finden, ehe die Gegner auf 101 Augen kommen, so gewinnt er (mit seinem

Partner zusammen, denn ein Solo gibt es im Gaigel nie; der Partner versucht also in diesem Falle, den Sieg der Gegenpartei solange wie möglich hinauszuzögern).
Mancherorts ist es üblich, dieses Spiel »auf Siebener« nicht anzusagen. In diesem Falle gilt die Regel nicht, daß der betreffende Spieler nie sticht; muß er nun beispielsweise Trumpf (seine fünfte Karte neben den vier Siebenern!) auf drei Nichttrümpfe legen, so gehört ihm der Stich. Er hebt nun als erster ab und spielt als erster zum nächsten Stich aus.
Da nun niemand weiß, daß jemand »auf Siebener« spielt, wird häufig die trumpfbestimmende Farbe durch den Diß, die Trumpf-Sieben, geraubt. Das ist dann die letzte Chance des Siebener-Spielers: Kann er diese Sieben aufnehmen, bevor jemand auf 101 kam, so gewinnt er mit seinem Partner.

Auf Farbe

Ähnlich wie auf fünf Siebener kann man auch auf fünf Karten von gleicher Farbe spielen. Wer also zum Beispiel vier Herzkarten auf die Hand bekam, sagt »Auf Farbe!« an, ohne jedoch zu verraten, auf welche Farbe er spekuliert. Sobald er beim Abheben eine fünfte Karte in der Farbe zieht, kann er hinlegen und gewinnt mit seinem Partner zusammen.

Winken

Unter Gaiglern ist es häufig üblich, daß die Partner einander ihre Karten verraten; sie dürfen sich dabei nur nicht erwischen lassen, der Verrat geschieht also heimlich. Dafür hat sich ein ganzes Repertoire an Geheimzeichen herausgebildet, das oft von Stammtisch zu Stammtisch verschieden ist. So kann beispielsweise die Farbe Schelle signalisiert werden, indem man mit der Zunge kurz die Backe auswölbt. Mit der Zunge kurz die Lippen benetzen bedeutet: Schippe. Mit den Schultern zucken heißt Kreuz. Ein kurzer und möglichst unauffälliger Griff an die Herzgegend signalisiert natürlich Herz.
Kartenwerte werden darüber hinaus häufig durch eine bestimmte Fingerhaltung der freien Hand kundgetan.
Dieses geheime Zeichengeben nennt man »Winken«. Es spielt zum Beispiel dann eine Rolle, wenn jemand zu Spielbeginn mit dem »zweiten As« tauchte und nun seinem Partner signalisieren möchte, von welcher Farbe dieses As ist.

Gaigel zu dritt

Er wird wie Vierergaigel gespielt, nur bilden sich hier keine Partnerschaften, vielmehr spielt jeder für sich gegen jeden. Jeder Spieler erhält fünf Karten.

Jaß

Jaß ist ein Melde- und Stichspiel, das vor allem in der Schweiz und in den westlichen Teilen Österreichs zum beliebtesten Kartenspiel wurde. Auch im deutschen Bodenseegebiet und am Niederrhein nahe der holländischen Grenze ist es bekannt. Varianten werden unter verschiedenen Namen auch anderswo gespielt, so etwa »Senserln« (nach dem französischen Spiel »Cinq-Cents«) in Bayern. Auch der als Glücksspiel in Verruf geratene Klaberjaß gehört in diese Familie.

Von Jaß gibt es zahlreiche Varianten. Ein Schweizer Jaß-Reglement unterscheidet 57 verschiedene Arten. Etliche davon haben freilich mit dem eigentlichen Jaß nichts mehr gemein, sondern sind vielfach Variationen anderer Spiele, zum Beispiel von Sechsundsechzig oder Quodlibet, die zufällig mit Jaßkarten gespielt werden. Man müßte also genauer sagen: Es gibt viele Spiele, die unter dem Namen Jaß laufen.

Jaß ist ein typisches Beispiel dafür, wie Spiele ohne feste Regeln in verhältnismäßig kurzer Zeit durch Neuerungen erheblich verändert werden können. Das ist einerseits ein erfreuliches Zeichen der Lebendigkeit dieses Spiels, kann aber andererseits an die Grenze der Wucherung und der Regellosigkeit führen.

Es gibt wohl kaum ein anderes Kartenspiel, das sowohl zu zweit, zu dritt, zu viert, zu fünft und zu sechst gespielt werden kann und bei jeder Teilnehmerzahl gleichermaßen unterhaltsam ist. Diese Variationsbreite macht es andererseits dem Uneingeweihten schwer, in die Geheimnisse des Spiels einzudringen. Es lohnt sich aber, denn hat man erst einmal Geschmack an dem Spiel gefunden, verfügt man dank der Vielfalt über ein ganzes Repertoire an Spielen für alle Gelegenheiten.

Im folgenden werden nur die wichtigsten Jaßvarianten beschrieben.

Das Zubehör

Stilecht wird Jaß mit dem Schweizer Kartenblatt gespielt. Statt der bei uns bekannten Farben trägt es die Zeichen
Schelle, Schilte, Rose und Eichel

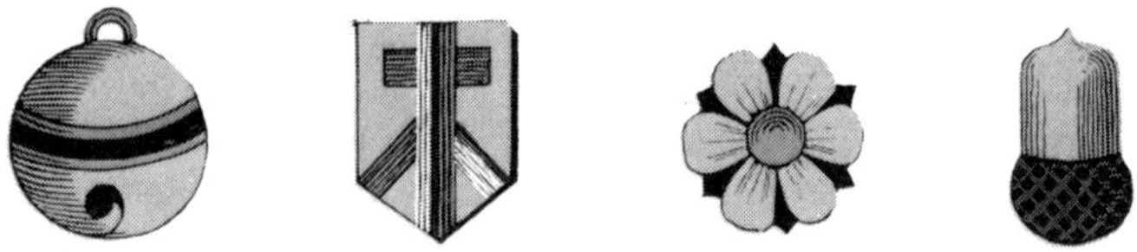

Jede dieser vier Farben setzt sich aus neun verschiedenen Kartenwerten zusammen, und zwar in der Rangfolge von oben nach unten:
As, König, Ober, Under, Banner, Neuner, Achter, Siebner, Sechser

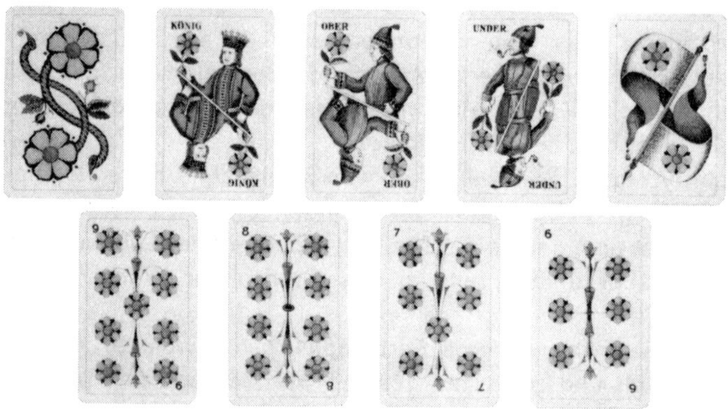

Der Ober entspricht der Dame, der Under dem Buben und das Banner der Zehn in den uns bekannten Kartenspielen.
(Hinweis für den Bezug des Original-Kartenspiels: Spielkartenfabrik AG-MÜLLER, Neuhausen am Rheinfall, Schweiz, in Deutschland vertreten durch F. X. Schmid, Postfach 326 und 346, 8000 München 1; Bestellungen über den Spiel- und Schreibwarenhandel oder über die Fachabteilungen der Kaufhäuser.)
In den westlichen Teilen der Schweiz wird mit dem französischen Kartenbild gespielt, also mit Herz, Eckstein (Karo), Kreuz und Schaufel (Pik). In den westlichen Teilen Österreichs benützt man das für Schnapsen

übliche Blatt mit den Zeichen Herz, Schelle, Eichel und Laub. Man kann Jaß also auch mit den bei uns erhältlichen Karten für Tarock/Schafkopf spielen.

Rang und Wert der Karten und Trumpfkarten

Es gibt im Jaß keine ständigen Trümpfe (wie etwa bei Skat oder Doppelkopf); vielmehr wechselt die Trumpffarbe von Spiel zu Spiel. Auf welche Weise sie bestimmt wird, erfahren wir später.

Man muß jedoch von Anfang an beachten, daß die Rangfolge der Karten in der Trumpffarbe anders ist als in den übrigen drei Farben, und zwar von oben nach unten:

Under, Neuner (»Nell«), As, König, Ober, Banner, Achter, Siebner, Sechser

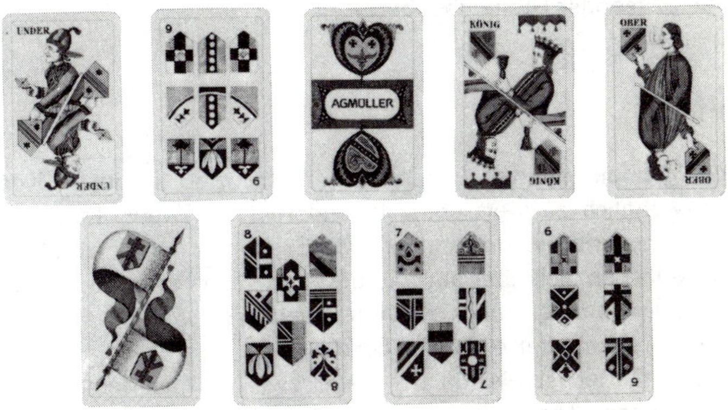

Der Trumpf-Under ist also in der Regel die allerhöchste Karte im Spiel, gefolgt von der Trumpf-Neun, die überall das »Nell« genannt wird, um sie von den übrigen Neunern deutlich zu unterscheiden.

In den Stichen zählt der Trumpf-Under 20 Augen, das Nell 14 Augen. Die übrigen Kartenwerte und ihre Rangfolge sind in allen Farben gleich:

As = 11, König = 4, Ober = 3, Under (außer in Trumpf) = 2, Banner = 10, Neun (außer Nell), Acht, Sieben und Sechs zählen nichts.

Damit ergibt sich folgender Gesamtwert der Karten:

Trumpf-Under	20 Augen
Nell	14 Augen
4 Asse (je 11)	44 Augen
4 Könige (je 4)	16 Augen
4 Ober (je 3)	12 Augen
3 Under (je 2)	6 Augen
4 Banner (je 10)	40 Augen
	152 Augen
Letzter Stich	5 Augen extra
Insgesamt	157 Augen

Es muß einschränkend gleich gesagt werden, daß bei einigen Spielansagen im Jaß die Rangfolge der Karten und ihre Werte verändert sind, in einem Falle sogar völlig auf den Kopf gestellt werden. Entsprechende Hinweise werden an passender Stelle gegeben.

Teilnehmer

Einige der großen Jaßarten (wie Schieber, Kreuzjaß, Handjaß, Königsjaß) werden gewöhnlich zu viert gespielt, andere (wie Zuger, Pandur, Aucho) in der Regel zu dritt, wieder andere (wie Schmaus) nur zu zweit. Fast alle Viererspiele lassen sich aber auch zu dritt und viele davon zu zweit, ebenso die meisten Dreierspiele auch zu viert spielen. Hinweise dazu finden Sie bei der Beschreibung der einzelnen Spiele.
Bei einigen Jaßarten spielen in der Regel zwei Partner gemeinsam gegen zwei andere, ansonsten spielt ein Hauptspieler allein gegen einen oder zwei oder drei Gegner.
Ebenso unterschiedlich ist die Teilnahme am Spiel: Bei einigen Jaßarten ist sie für alle Spieler obligatorisch, bei anderen Arten ist es jedem freigestellt, ob er mitspielen oder passen will.

Ziel des Spiels

Nach so vielen »Sowohl-als-auch« wäre es zu schön, wenn wenigstens das Ziel des Spiels für alle Jaßarten einheitlich wäre. Aber dem ist nicht so.

Grob gesagt kann man das Ziel des Spiels in drei Gruppen einteilen. Man muß entweder
a) eine vorgegebene Punktzahl als erster erreichen, oder
b) eine ersteigerte Punktzahl erreichen, bevor die Gegner eine festgesetzte höhere Punktzahl erreicht haben, oder
c) eine gewisse Anzahl von Spielen gewinnen, um auf eine festgesetzte Zahl von Gewinnstrichen zu kommen.
In der Mehrzahl der Fälle wird dieses Spielziel erreicht, indem man Punkte aus Stichen und Meldungen kombiniert.

Die Meldungen (der »Weis«)

Wir sind nun schon gewohnt, daß es beim Jaß stets mindestens zwei Möglichkeiten gibt, so auch beim Melden. Man unterscheidet gewöhnlich zwei Arten, zu melden, den »kleinen Weis«, auch »Schieberweis« genannt, und den »großen Weis«, der auch »Zugerweis« heißt. Genaugenommen ist der Zugerweis nichts anderes als eine Erweiterung des kleinen Weis'.
Melden (»weisen«) kann man dreierlei:
a) *Sequenzen,* also unmittelbar aufeinanderfolgende Kartenwerte von gleicher Farbe; die niederste Sequenz ist ein Dreiblatt (z. B. Acht-Neun-Banner), die höchste ein Neunblatt, wozu man sämtliche Karten einer Farbe in der Hand haben muß; ein Zweiblatt kann nie gemeldet (gewiesen) werden;
b) *Vierlinge,* das sind vier Karten von gleichem Wert, also beispielsweise vier Asse, vier Könige oder vier Banner; Vierlinge von Achtern, Siebenern und Sechsern zählen gewöhnlich nichts, können aber in bestimmten Sonderspielen gewiesen werden;
c) *Stöcke,* das ist das Paar aus König und Ober in der Trumpffarbe; Paare in den anderen Farben können nicht gewiesen werden.
Im großen oder Zugerweis haben die Meldungen folgende Punktwerte:

Sequenzen	
Dreiblatt	20
Vierblatt	50
Fünfblatt	100
Sechsblatt	150
Siebenblatt	200
Achtblatt	250
Neunblatt	300

Vierlinge	
Vier Buben	200
Vier Neuner	150
Vier Asse, vier Könige, vier Ober, vier Banner je	100
Stöcke	
Trumpfpaar	20

Im Zugerweis kann gewöhnlich auch »kreuz und quer« gewiesen werden, das heißt: Hat jemand beispielsweise ein Vierblatt, in dem ein König enthalten ist, und gleichzeitig die drei anderen Könige, so kann er Vierblatt (50) und vier Könige (100) weisen.

Der kleine Weis oder Schieberweis unterscheidet sich vom Zugerweis darin, daß in der Regel nur bis 100 gewiesen werden kann. Ein Sechsblatt zählt also ebenso nur 100 Punkte wie ein Fünfblatt, höhere Sequenzen ebenfalls. Eine Ausnahme bilden nur die vier Under, die hier wie im Zugerweis 200 Punkte zählen. In besonderen Fällen (nach Vereinbarung) zählen außerdem auch die vier Neuner mehr als 100, nämlich 150 wie im großen Weis. Ansonsten aber ist 100 die Obergrenze für das Weisen. Dreiblatt gilt natürlich nach wie vor 20, Vierblatt 50 Punkte. Das Weisen »über Kreuz« ist jedoch hier nicht erlaubt. Einzige Ausnahme: die Stöcke. Wer das Trumpfpaar hat, darf den König oder Ober zugleich auch in einer Sequenz oder einem Vierling melden.

Nun ist es aber nicht so, daß jeder, der eine entsprechende Kartenkombination auf der Hand hat, diese weisen darf. Vielmehr gilt in einem Spiel nur ein einziger Weis, und zwar der höchste. Er »straft« alle anderen Meldungen, die nun nichts zählen.

Es gilt also:

a) nur der Weis mit der höheren Punktzahl (vier Ober mit 100 Punkten strafen also ein Vierblatt mit 50 Punkten);

b) bei gleicher Punktzahl der Weis mit der größeren Kartenzahl (ein Fünfblatt mit 100 Punkten straft also einen Vierling mit 100 Punkten, ein Sechsblatt mit 100 Punkten straft ein Fünfblatt);

c) bei gleicher Punkt- und Kartenzahl der Weis mit den höheren Karten (ein Vierblatt mit dem König als höchster Karte – »Vierblatt vom König« – straft ein Vierblatt, in dem die höchste Karte unter dem König rangiert, also beispielsweise ein »Vierblatt vom Ober«; außerdem strafen 4 Asse 4 zuvor gemeldete Könige, 4 Könige wiederum 4 Ober und so weiter);

d) bei völliger Gleichheit der Meldungen (Unterschiede nur in den Farben) zählt nur der Weis in der Trumpffarbe; sollte in der Trumpffarbe keine Meldung vorliegen, so siegt der Weis, der in Vorhand, also zuerst, gemeldet werden konnte.

Wir müssen jetzt nur noch den Ablauf des Meldens kennenlernen, um uns dem Spiel selbst zuwenden zu können. Gewiesen wird so: Vorhand spielt die erste Karte zum ersten Stich aus; zugleich sagt er an, ob er etwas weisen kann, und zwar meldet er nur den höchsten Weis auf seiner Hand. Verfügt er also beispielsweise über ein Dreiblatt (20) und zugleich über vier Könige (100), so sagt er zunächst nur den höheren der beiden Weise an. Jetzt spielt der rechte Nachbar von Vorhand (Jaß wird rechtsherum gespielt, also entgegen dem Uhrzeigersinn!) die zweite Karte zum ersten Stich aus. Hat er ebenfalls etwas zu weisen, sagt er es nur, wenn es höher ist als der Weis von Vorhand, wenn es diesen also strafen kann. Ein geringerer Weis als der von Vorhand würde ja sowieso nicht gezählt und würde nur unnötig die Karten verraten. Ebenso verfahren nun der dritte und (bei Viererspielen) der vierte Spieler: Sobald sie ihre Karte zum ersten Stich hinlegen, sagen sie ihren Weis an, sofern er höher ist als ein zuvor gemeldeter. Wurde jedoch von den Vorgängern noch nichts gewiesen (was ja häufig vorkommt), so braucht selbstverständlich keinerlei Rücksicht auf die Höhe der Meldung genommen werden. Man sagt dann an, was man als höchstes weisen kann. Sobald aber die Karte des nachfolgenden Spielers auf den Tisch kommt, darf der Vorgänger nichts mehr weisen.

Wenn alle vier (oder drei) Karten für den ersten Stich gefallen sind, zeigt sich, welcher Weis gültig ist: Bei einer einzigen Meldung gilt diese, bei zwei oder mehr Meldungen gilt die höhere oder (bei gleicher Höhe) die mit der höheren Kartenzahl oder (bei gleicher Höhe und gleicher Kartenzahl) die mit den höheren Karten oder (bei völliger Gleichheit) die in Trumpf oder die zuerst angesagte; das haben wir ja schon erfahren.

Derjenige, dessen Weis gültig ist, darf nun auch weitere Meldungen machen, sofern er welche auf der Hand hat, also die niedrigeren, die er anfangs verschwiegen hat. In Spielen mit Partnerschaften darf nun auch der Partner des Weisers eventuelle Meldungen nennen. Die Summe der Meldungen wird dem Spieler oder der Partei sofort gutgeschrieben.

e) Die Stöcke zählen eigentlich nicht zum Weis und werden unabhängig davon gemeldet. Hat jemand die Stöcke und zugleich einen Weis, der nach dem ersten Stich gültig wird (weil er der höchste ist), so kann er die Stöcke gleich mitmelden. Ansonsten werden die Stöcke erst dann gemeldet, wenn die zweite Karte davon fällt. Ein Beispiel: Jemand hat die Stöcke und spielt im Verlauf des Stechens zunächst den König aus. Irgendwann später muß er nun die Dame in einen Stich legen. In diesem Augenblick meldet er die »Stöcke«, die ihm 20 Punkte bringen, die sofort notiert werden müssen. Die Stöcke gelten auch dann, wenn ihr Besitzer überhaupt keinen Stich macht.

Die verschiedenen Jaßarten

Wir kommen nun zur Beschreibung der einzelnen Spielarten von Jaß. Dabei sei vorausgeschickt, was allen (oder wenigstens fast allen) Spielen gemeinsam ist:

a) Der erste Geber und gegebenenfalls auch die Parteien werden durch Los ermittelt, gewöhnlich durch Ziehen von Karten. Die beiden mit den höchsten Karten bilden eine Partnerschaft (wenn sie vorgeschrieben ist). Geber wird meist der, der die niederste Karte erhalten hat.

b) Alle Spiele laufen, wie schon erwähnt, rechtsherum, also entgegen dem Uhrzeigersinn. Das bedeutet: Es wird auch rechtsherum gegeben. Die ersten Karten erhält also der Spieler, der rechts vom Geber (in Vorhand) sitzt.

c) In allen Spielen beginnt Vorhand mit dem Ausspiel, legt also die erste Karte zum ersten Stich auf den Tisch.

d) In allen Jaßarten gilt folgende Regel: Die in einem Stich zuerst angespielte Farbe kann entweder bedient oder mit Trumpf gestochen werden, das heißt: Wenn jemand eine Karte in der angespielten Farbe hat, kann er sie hinlegen, er darf aber statt dessen auch mit einer Trumpfkarte stechen. Eine Karte von anderer Farbe darf er jedoch nicht abwerfen. Hat jemand jedoch überhaupt keine Karte der angespielten Farbe, darf er entweder eine Karte von anderer Farbe abwerfen oder mit einer Trumpfkarte stechen. Wird Trumpf angespielt, muß dementsprechend natürlich nach Möglichkeit mit Trumpf bedient werden. Einzige Ausnahme: Den Trumpf-Under, den höchsten Trumpf also, darf man »verleugnen«. Wer nur noch ihn hat, wenn Trumpf angespielt wird, darf eine beliebige andere Karte abwerfen.

e) Matsch: Die Summe der Augen sämtlicher Karten ist, wie wir schon wissen, 152. Der letzte Stich bringt fünf Punkte extra, so daß jedes Einzelspiel 157 Punkte erbringt. Hat nun aber jemand sämtliche Stiche gewonnen, so hat er die Gegner »matsch« gemacht und darf sich nicht nur 157, sondern 257 Punkte gutschreiben. Ein »Matsch« zählt stets 257 Punkte, bringt demnach 100 Punkte extra ein. Sobald aber die Gegenpartei einen einzigen

Stich macht, und sei es einer mit null Augen, so ist sie nicht matsch. Jetzt zählt nur die tatsächlich erreichte Augenzahl der Stiche.

f) In Spielen, bei denen eine vorgegebene Punktzahl erreicht werden muß, kann es vorkommen, daß nach mehreren Einzelspielen, deren Ergebnisse summiert werden, zwei oder gar drei Spieler justament mit dem ersten Stich des nächsten Spiels auf die zum Sieg nötige Punktzahl kommen. Jetzt muß entschieden werden, wer in einem solchen Falle der Gewinner ist. Es gilt dann die Ausmachregel »Stöck-Wys-Stich«, das heißt: Derjenige, der mit dem Melden von Stöcken die erforderliche Punktzahl erreicht, gewinnt vor einem, der diese Zahl zur gleichen Zeit durch Weisen (von Sequenzen oder Vierlingen) erzielt. Wurden keine Stöcke gemeldet, die ausmachen können, so gewinnt derjenige, der durch Weisen das Ziel erreichte, vor dem, der durch die Augenzahl des ersten Stichs auf die Punktsumme kam.

g) Das Spielergebnis wird entweder mit der erreichten Punktzahl notiert, oder es werden einfach für den Sieg Striche notiert. In ersterem Falle muß man im Laufe mehrerer Spiele eine bestimmte Punktzahl erreichen, im zweiten Fall eine bestimmte Anzahl von Strichen erzielen. Sowohl Punkte wie Striche werden gewöhnlich mit Kreide auf einer Tafel notiert.

Für das Anschreiben der Punkte hat sich eine vereinfachte Schreibweise eingebürgert: Hunderter werden mit je einem Strich in der oberen Hälfte der Tafel oder des Zettels notiert, Fünfziger mit je einem Strich in der Mitte und Zwanziger mit je einem Strich in der unteren Hälfte der Tafel. Reste über oder unter 20 werden mit plus oder minus an die Seite geschrieben und von Fall zu Fall gelöscht, sobald sich volle 20 oder 50 oder 100 Punkte ergeben. Ein Beispiel: 179 Punkte würden einen Hunderterstrich, einen Fünfzigerstrich, einen Zwanzigerstrich und die Notiz + 9 ergeben; 188 Punkte würden notiert mit einem Hunderterstrich, einem Fünfzigerstrich, zwei Zwanzigerstrichen und der Vormerknotiz — 2.

Jetzt aber haben wir genügend Grundkenntnisse, um die einzelnen Spielarten von Jaß kennenzulernen. Um möglichst viele Varianten vorstellen zu können, sind nach der ausführlichen Einleitung die Spielbeschreibungen konzentriert abgefaßt.

Handjaß

Diese Spielart sei an den Anfang gestellt, weil sie sich am besten eignet, Anfänger in das Spiel einzuführen. Man kann zu dritt oder zu viert spielen. Beginnen wir mit dem Viererspiel.

Man spielt, wie gesagt, zu viert, aber es gibt keine Partnerschaften. Jeder spielt für sich allein auf eigene Rechnung und versucht, möglichst viele Weis- und Stichpunkte zu sammeln.
Jeder erhält neun Karten. Die letzte Karte (die dem Geber gehört) wird umgedreht und offen, mit der Bildseite nach oben, auf den Tisch gelegt. Sie bestimmt die Trumpffarbe. Nach angemessener Zeit (noch vor dem ersten Stich) darf der Geber diese trumpfbestimmende Karte zu seinen Handkarten stecken.

Spielziel: Es kommt darauf an, möglichst viele Punkte durch Weisen und Stechen zu erhalten. Zumindest aber muß man 21 Augen erreichen, denn sonst gerät man in einen Rückstand. Wer also befürchten muß, weder mit Weisen noch mit Stechen 21 Augen zu erreichen, der darf passen. Er nimmt dann an diesem einen Spiel nicht teil, kann demnach nichts gewinnen, aber wenigstens auch nichts verlieren.
Zunächst erklärt der Spieler in Vorhand (rechts vom Geber), ob er spielen will oder nicht, danach sein rechter Nachbar, dann der nächste und schließlich der Geber selbst.
Gewiesen wird nach dem kleinen Weis, dem Schieberweis.
Pro Spiel werden zwei Striche gutgeschrieben (wie sie an die Spieler verteilt werden, erfahren wir gleich). Gewinner einer Partie ist, wer zuerst sieben Striche hat.

Anschreiben der Striche: Je einen der beiden Striche, die pro Spiel verteilt werden, dürfen sich die beiden Spieler mit dem höchsten und dem zweithöchsten Punktergebnis aus Stechen und Weisen gutschreiben. Die beiden anderen erhalten nichts. Ist aber jemand unter 21 Punkten geblieben, so wird ihm eine Null (ein Kreis) angeschrieben. Diesen Kreis muß er später durch einen Strich tilgen, er braucht nun also bereits acht statt sieben Striche zum Sieg.
Wenn ein Spieler mit dem zweithöchsten Ergebnis einen Konkurrenten mit gleicher Punktzahl hat, entscheidet das Los darüber, wer von beiden den zweiten Strich gutschreiben darf: Derjenige, der aus einem verdeckten Spiel die höhere Karte zieht.
Haben zwei Spieler gepaßt, bekommen die beiden anderen je einen Strich, sofern sie über 21 Augen gekommen sind. Haben drei Spieler gepaßt (oder weniger als 21 Augen), darf der Übrigbleibende sich die zwei Striche gutschreiben. Wer sieben Striche erreicht hat, scheidet als Gewinner aus. Die anderen spielen weiter, bis nur noch einer übrigbleibt: der Verlierer.
Stilecht werden die Striche auf einer Tafel mit Kreide notiert.

Varianten:
Handjaß zu dritt mit »Blindem«: Jeder der drei Spieler erhält neun Karten; die restlichen neun sind der »Blinde«; sie bleiben zunächst auf dem Tisch liegen. Die oberste Karte des Blinden wird »gekehrt«, also umgedreht. Sie zeigt für dieses Spiel die Trumpffarbe an. Diese Karte kann mit dem Trumpfsechser geraubt werden: Man nimmt die Karte und legt dafür die Trumpf-Sechs hin.
Genau wie beim Viererspiel hat sich jeder Spieler zu entscheiden, ob er spielen will oder nicht. Einer von denen, die sich fürs Mitspielen entschieden haben, darf seine Handkarten gegen den Blinden tauschen. Als erster hat Vorhand das Recht dazu. Will er nicht, darf sein rechter Nachbar die Handkarten ablegen und dafür den Blinden aufnehmen. Verzichtet auch er, ist der dritte Spieler an der Reihe. Wer den Blinden aufnimmt, muß ihn behalten. Findet er darin schlechtere Karten, muß er mit ihnen spielen. Er darf sie nicht gegen seine früheren Handkarten rücktauschen.
Pro Spiel werden zwei Striche verteilt und gutgeschrieben. Wer unter 21 Augen bleibt, erhält einen Kreis. Die Verteilung der Striche entspricht der des Viererspiels.
Ist eine Partie zu Ende gespielt (haben also zwei Spieler sieben Striche erreicht), wird für ein neues Spiel so gegeben, daß der Verlierer der vorangegangenen Partie beim ersten Spiel in Vorhand sitzt.
Handjaß zu dritt mit »Bessern«: Jeder erhält neun Karten; die letzte Karte des Spielgebers wird aufgeworfen und zeigt die Trumpffarbe an. Die restlichen neun Karten werden zu je drei an die drei Spieler verteilt. Man kann sie gegen drei mißliebige Handkarten tauschen, muß jedoch erst die Karten aus der Hand ablegen, ehe man »bessert«, also die drei Reservekarten aufnimmt. Niemand ist zum »Bessern« gezwungen; wer jedoch »bessern« will, muß stets alle drei Karten tauschen. Wer nicht bessert, darf die drei Tauschkarten nicht ansehen. Wer »bessert«, ist nicht zum Spiel verpflichtet. Man kann auch danach noch passen. Im übrigen wird wie Handjaß zu viert gespielt.

Schieber

Man spielt gewöhnlich zu viert. Je zwei Spieler, die einander gegenübersitzen, bilden eine Partei.
Jeder Spieler erhält neun Karten, wobei zunächst jedem drei, dann jedem weitere drei und schließlich jedem die restlichen drei Karten zugeteilt werden. Gewiesen wird nach dem Schieberweis, dem kleinen Weis also.

Vorhand hat das Recht, die Trumpffarbe zu bestimmen. Fühlt er sich dafür nicht stark genug, kann er »schieben«, das heißt, die Wahl der Trumpffarbe seinem Partner überlassen. Auch in diesem Falle spielt er aber selbst die erste Karte zum ersten Stich aus und darf als erster weisen (falls er etwas zu weisen hat). Spielt Vorhand ohne irgendeine vorherige Bemerkung die erste Karte zum ersten Stich aus, so bedeutet das, daß die Farbe dieser Karte zur Trumpffarbe erklärt ist.
Sieger ist, wer zuerst 1000 Punkte erreicht, durch Weisen und Stechen. Der Gewinner gibt die Karten für das erste Spiel einer neuen Partie. Will man jedoch die Partnerschaften nun wechseln, entscheidet darüber und über das erste Geben das Los.

Varianten:
Obenabe: Bei diesem Spiel »von oben herab« gibt es keine Trümpfe. Es stechen vielmehr nur die hohen Karten der jeweils angespielten Farbe (die Bockkarten, wie man die höchsten noch auf den Händen befindlichen Karten einer Farbe nennt). Es gibt also weder Trumpf-Under noch Nell. Als Ausgleich für die dadurch fehlenden 32 Augen (zwei bleiben ja für den Under erhalten) werden die vier Achter mit je acht Augen in den Stichen bewertet. In der Rangfolge der Karten für das Stechen ändert sich dadurch jedoch nichts.
Unenue: Das ist das Gegenteil des Obenabe-Spiels, also ein Spiel »von unten herauf«. Die höchsten Karten beim Stechen sind nun nicht die Asse, sondern die Sechser, danach die Siebner, die Achter und so weiter. Asse sind die niedersten Stechkarten. Sie zählen bei diesem Spiel null Punkte. Dafür werden alle Sechser mit elf Augen bewertet. Die Siebner zählen nichts, die Achter werden wie beim Obenabe mit je acht Augen bewertet, die Neuner zählen wiederum nichts, die Banner Zehn und so weiter (bei den restlichen Karten ändert sich also in der Bewertung nichts). Stets zählen alle Karten zusammen 152, mit dem letzten Stich 157 Augen.
Einen »Obenabe« oder »Unenue« sagt man anstelle einer Trumpffarbe an, wenn man die dafür passenden Karten auf die Hand bekommt und in Vorhand sitzt oder, falls Vorhand schiebt, man dessen Partner ist.
Da bei Unenue alles verkehrt ist, gilt hier bei gleichen Sequenzen nicht der Weis mit der höheren, sondern der mit der niedrigeren Karte. Ansonsten entscheidet aber auch hier (wie stets bei Jaß) die höhere Kartenzahl. Gewöhnlich werden beim Unenue vier Sechser mit 100 bewertet; dafür gelten dann vier Asse nichts. Sollen darüber hinaus auch vier Siebner und vier Achter je 100 Punkte gelten (auf Kosten von vier Königen und vier Obern), so muß das vorher vereinbart werden.

Fabrik: Diese Besonderheit bedarf ebenfalls vorheriger Vereinbarung. Wird mit »Fabrik« gespielt, so gelten alle Punkte doppelt, wenn Schelle (Herz) oder Schilte (Karo) Trumpf wird. Nicht nur Stich- und Weispunkte, auch ein Matsch kann in diesem Falle doppelt angeschrieben werden. Wird mit Fabrik gespielt, ist eine Partie erst beim Erreichen von 1500 Punkten beendet. Man kann vereinbaren, daß beim Fabrikspiel alle Punkte für Obenabe und Unenue dreifach zählen. Dann endet die Partie bei 2500 Punkten.

Kreuzjaß

Er wird im wesentlichen genauso gespielt wie der Schieber, jedoch mit einer Änderung, die den ganzen Spielablauf völlig anders gestaltet: Trumpf wird nicht von Vorhand oder seinem Partner bestimmt, sondern vom Zufall. Der Geber wirft die allerletzte Karte des Stapels um, bevor er alle anderen ausgeteilt hat, er dreht sie also mit der Bildseite nach oben und legt sie auf den Tisch. Die Farbe dieser Karte bestimmt die Trumpffarbe. Die trumpfbestimmende Karte selbst gehört dem Geber, der sie nach angemessener Zeit zu seinen Handkarten steckt.
Dreht der Geber einen Sechser oder Siebner um, kann »Unenue« gespielt werden, wie oben beschrieben. Dreht er As oder König um, kann das Spiel »Obenabe« gehen. In allen anderen Fällen verläuft das Spiel normal.
Bei einfacher Bewertung aller Spiele endet eine Partie beim Erreichen von 1000 Punkten.

Variante:
Man kann vereinbaren, daß die zuallererst aufgeworfene Farbe für alle Spiele einer Partie Trumpf bleibt.

Königsjaß

Gespielt wird zu viert. Der Geber ist »König«, die drei anderen bilden die Bauernpartei, die gemeinsam gegen den König spielt.
Der König teilt die Karten fürs erste und für das zweite Spiel aus; danach wechselt das Geben reihum ab, entgegen dem Uhrzeigersinn. Jeder erhält neun Karten (dreimal drei), die letzte Karte wird aufgeworfen und zeigt die Trumpffarbe an.
Gewiesen wird nach dem Schieberweis, dem kleinen Weis also.

Spielziel: Der König muß allein auf 250, die Bauernpartei gemeinsam auf 1000 Punkte kommen. Wer sein Ziel zuerst erreicht, hat gewonnen.
Vor jedem Spiel erklärt der König, ob er spielen will. Verzichtet er, schreibt sich die Bauernpartei einen Matsch an (257 Punkte) und die Punkte für eventuell vorhandene Stöcke. Alle übrigen Meldungen bleiben unberücksichtigt, werden also nicht notiert. Spielt der König mit, werden am Schluß jedes Spiels Stich- und Weispunkte notiert. Hat eine Partei keinen Stich gemacht, wird Matsch gutgeschrieben.
Königsjaß zu dritt (auch Schaffhauserjaß genannt): Jeder Spieler erhält zwölf Karten. Der König muß 350, die Bauernpartei 1000 Punkte erreichen. Ansonsten gelten die Regeln des Viererspiels.

Aucho

Man spielt zu dritt. Jeder erhält neun Karten. Die übrigen neun Karten bilden den »Lukas«, der so hingelegt wird, daß die unterste Karte zu sehen ist. Gewiesen wird nach dem Schieberweis.
Der Spieler in Vorhand (rechts vom Geber) kann eine beliebige Farbe zum Trumpf erklären. Tut er das, muß er das Spiel übernehmen und einen Punkt mehr machen als seine Gegner zusammen.
Will Vorhand das Spiel nicht übernehmen, kann der nächste Spieler Trumpf erklären; verzichtet auch er, ist der dritte an der Reihe. Wer nicht Trumpf erklären will, sagt »Fort«.
Haben alle »Fort« gesagt, kann ein Spieler »Kehr« verlangen. Der Spielgeber nimmt nun den Lukas und dreht von oben herab eine Karte nach der andern um. Jede Karte kann dabei durch den entsprechenden Sechser geraubt werden. Jeder Spieler kann überdies »Halt!« rufen, sobald eine Farbe erscheint, die ihm als Trumpf zusagt. Nun wird mit dieser Farbe als Trumpf gespielt, wobei der Halt-Rufer Alleinspieler ist und den nötigen Punkt mehr machen muß als die beiden anderen gemeinsam. Ruft jedoch niemand »Halt«, muß derjenige, der den »Kehr« verlangte, mit der zweitletzten Karte des Lukas als Trumpf spielen. Verzichtet er, erhält er eine Null angeschrieben.
Hat der Alleinspieler sein Spiel gewonnen, erhält er zwei Striche, verliert er, wird ihm eine Null (ein Kreis) angeschrieben, der später durch einen Strich zu tilgen ist; die beiden anderen Spieler erhalten nun je einen Strich. Eine Partie ist zu Ende, wenn jemand sieben Striche erreicht hat.
Aucho zu viert: Der Spielgeber setzt jeweils mit Spielen aus, so daß aktiv nur drei am Spiel teilnehmen.

Man spielt, wie oben beschrieben, jedoch mit einer Zusatzregel: Wurde weder Trumpf angesagt noch »Kehr« verlangt, so darf der normalerweise nicht mitspielende Kartengeber den Lukas nehmen und mit ihm gegen die drei anderen spielen. Um zu gewinnen, muß er einen Punkt mehr machen als die andern zusammen. Dafür werden ihm im Gewinnfalle gleich vier Striche gutgeschrieben; verliert er, erhält er zwei Nullen, die drei anderen je einen Strich. Will er nicht mit dem Lukas spielen, wird neu gegeben.
Setzt der Spielgeber aus, »erbt« er dennoch vom Spielgeschehen: Gewinnt der Alleinspieler, werden auch dem Geber zwei Striche geschrieben, verliert der Alleinspieler, erhält auch der Geber den einen Strich der Gewinner. Den letzten zum Sieg nötigen Strich darf ein Geber freilich nicht durch Erben erreichen; er muß im aktiven Spiel erzielt werden.
Hat einer der vier gewonnen, spielen die restlichen drei weiter, bis einer von ihnen seine sieben Gewinnstriche beisammen und eventuelle Nullen (»Härdöpfel« sagt man in der Schweiz dazu) getilgt hat. Dann spielen die zwei verbliebenen um den Gesamtverlust. Jeder erhält neun Karten. Die 19. Karte des Spiel zeigt die Trumpffarbe an und darf mit der Trumpf-Sechs geraubt werden.

Großer Steiger

Man spielt zu viert. Jeder erhält zunächst vier Karten, danach werden vier Karten in die Tischmitte gelegt, und zwar zwei offen, zwei verdeckt. Danach erhält jeder weitere vier Karten. Im zweiten und allen folgenden Spielen fällt das Auflegen der Karten fort, so daß jeder sofort neun Karten auf die Hand bekommt.
Gewiesen wird nach dem Zugerweis, dem großen Weis also, der bis 300 geht.
Spielziel: Der Alleinspieler (»König«) muß die von ihm ersteigerte Zahl erreichen, bevor die drei anderen Spieler (die Bauernpartei) gemeinsam 1000 Punkte erzielt haben. Bei diesem Jaßspiel wird also gereizt, gesteigert, bevor das eigentliche Spiel anfängt.
Steigern: Es beginnt der Spieler in Vorhand. Er sagt entweder »Fort!«, wenn er nicht ansteigern möchte, oder nennt eine beliebige Zahl, mindestens aber 350. Diese 350 Punkte müßte er nun also in mehreren Einzelspielen erreichen, ehe die anderen zusammen 1000 Punkte zählen können. Der folgende Spieler kann das Erstangebot beliebig erhöhen, aber nur in Zehnerstufen. Der Meistbietende wird »König«.

Wer »Fort!« sagt, bevor angesteigert wurde, darf später wieder mitsteigern. Sobald jedoch das erste Angebot gemacht wurde, bedeutet die Ansage »Fort!«: Ich steigere nicht mehr mit, ich scheide aus und spiele in der Bauernpartei.
Erfolgt überhaupt kein Angebot, wird neu gegeben.
Der Spielverlauf: Der König erhält die vier Karten vom Tisch. Wenn es verlangt wird, müssen die zwei verdeckten Karten gezeigt werden. Der König »drückt« dafür vier Karten aus seiner Hand, die er niemandem zeigt. Sie zählen am Schluß wie ein Stich für ihn.
Im ersten Spiel bestimmt der König, ob er mit Trumpf spielen will oder ohne. Wählt er eine Trumpffarbe, so gilt die übliche Reihenfolge: Trumpf-Under ist die höchste Karte, danach folgt das »Nell«, dann das Trumpf-As und so weiter. Will der König ohne Trumpf spielen, hat er die Wahl zwischen »Obenabe« und »Hindersi«. Bei Obenabe stechen nur die jeweils höchsten Karten (Bockkarten) in der angespielten Farbe. Der König muß aber sämtliche Stiche machen. Bei »Hindersi« ist die Rangfolge der Karten die gleiche, der König darf aber keinen einzigen Stich machen (was dem Nullspiel im Skat entspricht). Muß der König bei Obenabe einen Stich abgeben oder bei Hindersi einen machen, darf die Bauernpartei einen Matsch (257 Punkte) gutschreiben.
Für das zweite Spiel teilt der König die Karten aus. Die letzte Karte zeigt die Trumpffarbe an und gehört natürlich dem König als Geber. In den weiteren Spielen wird der Reihe nach gegeben.
Die Partei, die ihre Punktzahl zuerst erreicht, hat gewonnen. Hat die Gegenpartei in diesem Augenblick weniger als die Hälfte ihrer nötigen Punktzahl, gewinnt der Sieger doppelt.
Großer Steiger zu dritt: Im ersten Spiel erhält jeder fünf Karten, danach werden sechs auf den Tisch gelegt, drei offen, drei verdeckt, dann erhält jeder weitere fünf Karten. In den folgenden Spielen bekommt jeder zwölf Karten.
Beim Steigern muß als Erstangebot mindestens 600 gesagt werden. Der König erhält die sechs Karten vom Tisch und muß sechs Karten ablegen.

Pandur

Auch dies ist eine Jaßart, bei der gesteigert wird. Es entspricht weitgehend dem Steiger, jedoch wird nur mit 24 Karten gespielt.
Aus dem Spiel werden alle Sechser, Siebener und Achter entfernt. Jeder Spieler erhält acht Karten.

Was beim Steiger der »Obenabe« war, ist in diesem Spiel der »Pandur«: Wer ihn ansagt, muß sämtliche Stiche machen. Man kann aber im Gegensatz zum »Obenabe« einen »Pandur ohne« (ohne Trumpf) und einen »Pandur mit« (mit Trumpf) ansagen. Der »Hindersi« des Steigers heißt hier »Misere«: Der Spieler darf nicht einen einzigen Stich machen. Auch die Misere kann »mit« oder »ohne« angesagt werden.

Im Gegensatz zum Steiger geht es im Pandur darum, die ersteigerte Zahl in einem einzigen Spiel zu erreichen.

Man spielt zu dritt. Wird zu viert gespielt, setzt der Geber jeweils aus, »erbt« aber vom Spielausgang.

Gewiesen wird nach dem Zugerweis, wobei natürlich Sechsblatt die höchste Kombination ist und nicht Neunblatt. Allerdings ist das Weisen über Kreuz nicht gestattet, außer bei den Stöcken. Können zufällig beide Gegner höher weisen als der Alleinspieler, darf aber nur einer melden.

Steigern: Beim Steigern sagt man die Punktzahl an, die man durch Weisen und in den Stichen zu erreichen hofft. Das beginnt bei 100 und geht in Zehnerstufen bis 290. Dazwischen kann die Punktzahl 200 durch »Misere ohne« oder »mit«, die Zahl 250 durch »Pandur ohne« und die Zahl 290 durch »Pandur mit« überboten werden. Die Steigerungsstufen sind also der Reihe nach: 100, 110, 120, 130, 140, 150, 160, 170, 180, 190, 200, Misere ohne, Misere mit, 210, 220, 230, 240, 250, Pandur ohne, 260, 270, 280, 290, Pandur mit. »Pandur mit« ist das höchste Angebot überhaupt.

Das Anschreiben: Eine Partie wird auf 15 Punkte gespielt. Wer dieses Ziel erreicht, scheidet aus. Die anderen spielen weiter, bis der endgültige Verlierer feststeht, der dann den vorher vereinbarten Einsatz zu bezahlen hat (zum Beispiel die Zeche). Entsprechend der ersteigerten Punktzahl werden die Spiele unterschiedlich bewertet. Es zählen:

2 Punkte: Alle bis 140 gewonnenen Spiele.

3 Punkte: Alle zwischen 150 und 190 gewonnenen Spiele.

4 Punkte: Die zwischen 200 und 240 gewonnenen Spiele sowie »Misere ohne« und »Misere mit«.

5 Punkte: Alle zwischen 250 und 290 gewonnenen Spiele sowie »Pandur ohne«.

6 Punkte: Alle Spiele mit 300 oder mehr Punkten sowie »Pandur mit«.

Gewinnt der Spieler, werden ihm die entsprechenden Punkte gutgeschrieben, verliert er, erhalten alle Gegner diese Punktzahl. In beiden Fällen »erbt« ein eventueller vierter Mann (Geber) die angeschriebenen Punkte ebenfalls. Er darf aber nur bis 14 erben; den letzten Punkt zum Sieg muß er im aktiven Spiel erzielen.

Variante:
Pandur mit Stoßen: Man spielt wie beim soeben beschriebenen Pandur, doch darf beim Steigern zusätzlich »Stoßen« angeboten werden. Stoßen bedeutet Kartentauschen (was dem Schieben beim Schieberamsch im Skat entspricht). Man kann eine, zwei oder auch mehr Karten zum Stoßen anmelden. Die Ansage beim Steigern lautet dann beispielsweise: »100 und zwei Karten«. Steigert jemand über dieses Angebot, fällt das Stoßen weg. Sind aber alle anderen Spieler einverstanden, so wird gestoßen: Jeder Spieler schiebt seinem rechten Nachbarn die genannte Zahl von Karten verdeckt zu und nimmt die entsprechenden Karten des linken Nachbarn auf. Danach steigert der Spieler, der Stoßen angeboten hatte, weiter. Es können daraufhin noch weitere Stoß-Angebote gemacht werden. Sind die anderen Spieler aber mit Stoßen nicht einverstanden, muß der ansagende Spieler sein Reiz-Angebot ohne Stoßen erspielen.
Spielt man zu zweit, erhält jeder acht Karten, der Rest bildet den Stock. Die zum Stoßen angemeldeten Karten werden nun vom Stock genommen, nachdem zuvor eine entsprechende Zahl von Handkarten abgelegt wurde.

Differenzler

Dies ist eine der interessantesten Jaßarten, aber, was das Erreichen des Spielziels anbelangt, auch eine der schwierigsten. Ein großer Vorteil des »Differenzlers« vor den übrigen Jaßspielen: Man kann sowohl mit einem schlechten wie mit einem guten Blatt gewinnen.
Spielt man zu viert, erhält jeder neun, zu dritt jeder 12 Karten. Die unterste Karte bestimmt die Trumpffarbe.
Es geht darum, vor Spielbeginn zu schätzen, wieviel Punkte man in seinen Stichen erreichen wird. Gewiesen wird in diesem Spiel nicht. Wer mit seinen Voraussagen die geringsten Differenzen zu seinen Ergebnissen hat, wird Sieger.
Vorhand beginnt, indem er seine voraussichtlichen Stichpunkte ansagt, die vom Schreiber auf der Tafel notiert werden. Danach machen die übrigen Spieler der Reihe nach ihre Voraussagen.
Danach wird gestochen. Am Schluß zählt jeder die Augen in seinen Stichen (und für den letzten Stich 5 Punkte extra). Die Resultate müssen zusammen stets 157 Augen ergeben.
Der Schreiber errechnet nun für jeden die Differenz zwischen Vorhersage und Ergebnis aus und notiert diese Differenzpunkte als Spielergebnis. Wer

seine Augenzahl genau erraten hatte, erhält zehn Gutpunkte, die er von seinem bisherigen Differenztotal abziehen darf.
Gewöhnlich werden drei Runden gespielt, jeder gibt also dreimal. Beim Spiel zu viert gewinnen die beiden mit den wenigsten Punkten den vereinbarten Einsatz von den beiden Verlierern.
Damit sind einige der wichtigsten Jaßspiele beschrieben. Man könnte die Reihe noch seitenlang fortführen mit: Zuger, kleinem Steiger, Schmaus, Hindersi, Sidi-Barrani, Pass-uff-Jaß, Schaggi-Haas und wie sie alle heißen. Wer aber die hier beschriebenen Spiele kennt, findet sich rasch in andere Varianten ein, wenn er Gelegenheit bekommt, in einer Schweizer Jaßrunde mitzuspielen.
Zum Schluß sei nur noch eine Variante erwähnt, die häufig in Vorarlberg gespielt wird und neue Momente ins Spiel bringt.

Bregenzer-Wald-Jaß

Man spielt meistens zu viert, und zwar über Kreuz, das heißt: Zwei spielen gemeinsam gegen die beiden anderen.
Hier sei aber eine Variante für drei Spieler beschrieben: Jeder erhält sechs Karten, die restlichen 18 Karten bleiben übrig und werden nicht benützt. Vorhand erklärt, welche Farbe er zum Trumpf machen möchte. Verzichtet er auf das Recht, sagt er »Hübschere!«, was bedeutet: Er überläßt die Wahl der Trumpffarbe demjenigen mit den hübscheren, den besseren Karten. Passen alle drei Spieler, wird neu gegeben.
Statt Trumpf können auch die Spiele »Bock« oder »Ziege« angesagt werden. Bock entspricht dem »Obenabe«: Es gibt keinen Trumpf, Asse sind die höchsten Stechkarten. »Ziege« dagegen entspricht etwa dem Ramsch im Skat: Es gewinnt der Spieler mit der geringsten Augenzahl in den Stichen, wobei es keinen Trumpf gibt und die Rangfolge der Karten nicht verändert wird. In der Schweiz heißt dieses Spiel auch »Hindersi«.
Wenn ein Spiel angesagt ist, können die beiden anderen nach Belieben passen oder mitspielen. Passen beide, gewinnt der Alleinspieler sofort. Man paßt, wenn man keine Aussicht hat, wenigstens 21 Augen in den Stichen zu erreichen. Gewiesen wird nicht!
Beim Stechen muß (wie bei allen Jaßarten) nicht unbedingt Farbe bedient werden; man darf statt dessen auch trumpfen. Abwerfen einer anderen Farbe ist jedoch nicht erlaubt, solange man bedienen kann. In Verbindung mit der Ungewißheit, welche Karten im Reststock liegen, bietet diese Stechregel große Überraschungen.

Anschreiben: Für jeden Spieler wird ein Kreuz in Form eines großen X aufs Papier gemalt. Dieses Kreuz muß »geputzt« werden, indem man die vier Äste und den Mittelpunkt des Kreuzes durchstreicht. Ein Kreuz ist also mit fünf Strichen geputzt. Nach Vereinbarung wird mit zwei Strichen geputzt oder nur mit einem. Wer unter 21 Augen bleibt, erhält einen »Sack« (eine Null), der durch einen zusätzlichen Strich getilgt werden muß.

Schnapser

Das weltbekannte Zweierspiel Sechsundsechzig hat sich in süddeutschen Gegenden zu unterhaltsamen Viererspielen verändert. Eines davon ist der schwäbische Gaigel, das andere ist Schnapsen, das in vielen Varianten gespielt wird, als Kreuzschnapser, Rufschnapser (Rufer) oder Bauernschnapser. Das Spiel ist auch in Österreich sehr beliebt.

Das Ziel des Spiels

Schnapsen ist eine Kombination aus Melde- und Stichspiel. Wie in den meisten Varianten von Sechsundsechzig geht es auch hier darum, durch Melden von Paaren (König und Dame) sowie durch Stechen möglichst hoher Karten als erster auf 66 Punkte oder darüber zu kommen. Dieses Ziel kann aber beispielsweise beim Bauernschnapser durch Ansagen verändert werden.

Teilnehmer

Schnapsen ist ein Viererspiel. In den meisten Fällen spielen zwei gegen zwei. Beim Kreuzschnapser und Bauernschnapser bilden je zwei Spieler den Abend über eine feste Partei, beim Rufer dagegen wechseln die Partnerschaften laufend. In allen drei Varianten sind auch Solospiele (einer gegen drei) möglich.

Zubehör

In den meisten Fällen wird Schnapsen mit 20 Karten gespielt, gelegentlich auch mit 24, selten mit 32. Beim Blatt mit 32 Karten sind die niederen Werte Neun, Acht und Sieben enthalten, beim Blatt mit 24 Karten fehlen die Acht und die Sieben, das Blatt mit 20 Karten ist auch noch zusätzlich um die Neun verkürzt, so daß der Bube zum niedersten Wert wird.

Da Schnapsen weit verbreitet ist, wird es mit den verschiedensten Kartenbildern gespielt. Man kann also ein entsprechend verkürztes Skatblatt ebenso verwenden wie ein halbes Gaigelblatt oder jede Karte, mit der man Sechsundsechzig spielt.

Die Karten und ihre Rangfolge

Die folgende Beschreibung geht von Karten mit den bekannten Zeichen Kreuz, Pik, Herz und Karo aus. Wird ein anderes Blatt benützt, so entspricht Eichel der Farbe Kreuz, Schippe (Grün, Laub) der Farbe Pik, Herz bleibt Herz, und Schelle entspricht Karo.
Jede der vier Farben besteht aus acht verschiedenen Werten, wenn mit 32 Karten gespielt wird, aus sechs verschiedenen Werten beim 24er-Blatt und entsprechend aus fünf verschiedenen Werten, wenn mit der kurzen Karte gespielt wird. Im folgenden wird das Spiel mit der kurzen Karte beschrieben. Jede der vier Farben Kreuz, Pik, Herz und Karo setzt sich hier aus fünf verschiedenen Werten zusammen, in der Rangfolge von oben nach unten:
As, Zehn, König, Dame, Bube.

Die Zehn rangiert also, wie bei Sechsundsechzig üblich, unmittelbar hinter dem As und ist somit zweitstärkste Karte jeder Farbe.

Die Kartenwerte

In den Stichen hat jede Karte ihrem Rang entsprechend eine festen Punktwert (die »Augen«). Es zählen:

jedes As	11 Augen	jede Dame	3 Augen
jede Zehn	10 Augen	jeder Bube	2 Augen
jeder König	4 Augen	zusammen	30 Augen

Alle vier Farben zusammen haben also einen Gesamtpunktwert von 120 Augen. Daran ändert sich auch nichts, wenn mit 24 oder 32 Karten gespielt wird, da die Werte Neun, Acht und Sieben stets null Augen zählen.
Man muß freilich nicht, wie bei reinen Stichspielen üblich, mehr als die Hälfte, also 61 Augen in Stichen erreichen. Beim Schnapsen ist 66 die magische Zahl. Diese Punktzahl muß man als erster erzielen oder überbieten, um zu gewinnen. Zum Erreichen dieser 66 Punkte können den Augen in den Stichen Punkte aus Meldungen von Paaren hinzugezählt werden.

Das Melden von Paaren

König und Dame von gleicher Farbe bilden ein Paar, das 20 Punkte wert ist. Das Paar in der Trumpffarbe gilt doppelt, also 40 Punkte.
Entgegen den Regeln von Sechsundsechzig dürfen Paare jederzeit von jedem gemeldet werden, der sie auf die Hand bekommt, also auch vor dem ersten Ausspiel. Eine Meldung wird jedoch erst in Verbindung mit einem späteren Stich gültig. Das bedeutet: Sollte eine Partei das Glück haben und neben dem Trumpfpaar noch zwei weitere Paare melden können (80 Punkte), so hat sie damit das Spiel noch nicht gewonnen; sie muß wenigstens einen Stich machen. Deshalb halten die Spieler, die zu Spielbeginn nicht ans Ausspiel kommen, mit ihren Meldungen gewöhnlich bis zu ihrem ersten Stich zurück, um dem Gegner nicht die Karten zu verraten.
Auf Verlangen müssen Meldungen vorgezeigt werden. Es ist jedoch nicht vorgeschrieben, daß eine Karte des gemeldeten Paares sofort ausgespielt werden muß. Bei der Meldung wird die Farbe des entsprechenden Paares mitangesagt, man meldet also beispielsweise: »Zwanzig in Kreuz!«

Trümpfe

In den Spielen wird gewöhnlich eine Farbe zum Trumpf bestimmt. Wer das Recht dazu hat und wie das im einzelnen geschieht, ist an den entsprechenden Stellen der Beschreibungen näher erläutert.
Die fünf Karten der Trumpffarbe haben Vorrang: Sie können jede Karte der drei übrigen Farben stechen.

Rufer (Rufschnapser)

Nach diesen Vorkenntnissen können wir uns dem eigentlichen Spielablauf widmen, der in den drei hier vorgestellten Varianten (Rufer, Kreuzschnapser, Bauernschnapser) unterschiedlich ist. Wir beginnen mit dem Rufer.

Der erste Geber (er kann durch Los — Ziehen der höchsten Karte — ermittelt werden) mischt und läßt abheben, wie es ausführlich im Kapitel »Allgemeines« beschrieben ist. Danach teilt er reihum im Uhrzeigersinn (also bei seinem linken Nachbarn beginnend) jedem Spieler zunächst drei Karten zu, danach der Reihe nach jedem weitere zwei, so daß jeder fünf Karten auf die Hand bekommt.
Trumpfbestimmung: Bevor diese zweite Runde Karten verteilt wird, muß der Spieler in Vorhand (links vom Geber) die Trumpffarbe bestimmen. Er wählt sie zu seinen eigenen Gunsten, nachdem er die ersten drei seiner Karten angesehen hat. Sofort anschließend »ruft« er das As in dieser Farbe, sagt also beispielsweise »Herz-As!« an. Damit ist Herz als Trumpf bestimmt, und der Besitzer des Herz-Asses wird der Partner von Vorhand.
Danach erst darf der Spieler in Vorhand auch die letzten zwei seiner Karten zur Hand nehmen und ansehen. Hat er nun das Trumpf-As selbst auf der Hand, spielt er ein »heimliches« Solo; er spielt nun allein gegen die drei anderen, verrät dies aber nicht. Das stellt sich erst in dem Augenblick heraus, wo der Solist das gerufene Trumpf-As ausspielen muß. Er muß als Solospieler allein auf 66 oder mehr Augen kommen, bevor seine drei Gegner dieses Ziel zusammen erreichen. Findet er das Trumpf-As unter seinen ersten drei Karten, kann er angesagtes Solo spielen.
Bekommt das Trumpf-As jedoch ein anderer, so spielen diese beiden zusammen gegen die beiden übrigen. Der Besitzer des Trumpf-Asses verrät seine Partnerschaft aber ebenfalls nicht sofort, sondern erst im Laufe des Spiels, indem er seinem Partner nach Möglichkeit hohe Karten »schmiert«, oder indem er das Trumpf-As ausspielt.
Melden: Jeder Spieler kann nun Paare, die er auf der Hand hat, melden. Er kann damit aber auch warten, bis er einen oder mehrere Stiche hat und die Paarmeldung zum Sprung über 66 benützen kann. Damit läßt er seine Gegner länger im unklaren über die Stärke seiner Karten. Meldungen von Partnern zählen natürlich zusammen. Deshalb meldet der eine der beiden möglichst früh, um dem Partner Klarheit zu verschaffen, der nun mit eventuell vorhandenen Meldungen abwarten kann.
Stechen: Der Spieler in Vorhand, der die Trumpffarbe bestimmte, beginnt stets mit dem Ausspiel, legt also die erste Karte zum ersten Stich hin. Der Reihe nach (im Uhrzeigersinn) gibt einer nach dem andern eine Karte hinzu. Dabei gilt als oberste Regel: Es muß Farbe bedient und überstochen werden; wer nicht bedienen kann, muß trumpfen, wenn er kann. Was »Bedienen« heißt, ist ausführlich im Kapitel »Allgemeines« beschrieben. Die Regel des Überstechens muß aber etwas näher erläutert werden. Sie besagt: Wurde beispielsweise Herz-Dame ausgespielt und der nächste Spieler hat

Herz-Zehn und Herz-Bube auf der Hand, muß er mit der Zehn stechen. Wer keine Karte der zuerst angespielten Farbe hat, muß trumpfen und damit den Stich übernehmen. Ein nachfolgender Spieler, der ebenfalls nicht bedienen kann, muß nach Möglichkeit übertrumpfen. Nur wer weder bedienen noch trumpfen kann, darf eine beliebige andere Karte abwerfen.
Spielende: Sobald ein Solospieler oder eine beliebige Partei 66 Augen oder mehr in Stichen und Meldungen hat, kann »Aus!« gerufen werden. Das Spiel ist dann sofort beendet. Es ist deshalb wichtig, die Augen in den eigenen Stichen laufend mitzuzählen und nach Möglichkeit auch den Punktestand der Gegner zu verfolgen.
Ein Spiel muß also nicht in jedem Falle bis zum fünften und letzten Stich gespielt werden, sondern kann im günstigsten Fall schon nach dem ersten Stich beendet sein.
Hat die Gegenpartei im Augenblick des Aus-Rufens in ihren Stichen 33 oder mehr Augen, so gewinnt die siegende Partei »einfach«, die Verlierer sind »aus dem Schneider«. Hat die Gegenpartei weniger als 33 Augen, aber zumindest einen Stich, ist sie »im Schneider« oder, wie es mancherorts heißt: sie ist »Johann«. Die Gegner gewinnen nun doppelt, also zwei Punkte. Haben die Gegner überhaupt keinen Stich gemacht, sind sie »schwarz« oder »Stichjohann«; die andere Partei gewinnt nun dreifach: drei Punkte. Beim Partnerspiel erhält jeder der beiden Gewinner die Punkte, beim Solospiel erhält der Einzelspieler im Gewinnfall die doppelte Punktzahl.
Eine Partie ist beendet, sobald ein Spieler eine vorher vereinbarte Punktzahl erreicht hat.
Rufschnapser wird häufig auch mit 24 Karten gespielt. Dann erhält jeder Spieler sechs Karten. Der Trumpf wird nach wie vor von Vorhand nach Erhalt der ersten drei Karten bestimmt.

Bauernschnapser

Dies ist eine Variante des Rufers, die dem Solospieler mehr Möglichkeiten der Spielansage bietet. Während beim einfachen Rufer nur der Spieler in Vorhand die Möglichkeit eines Solos hatte, kann beim Bauernschnapser jeder Solist werden, wenn er entsprechend gute Karten bekommt. Das Spiel ist also erheblich abwechslungsreicher als Rufer.
Spielbeginn: Das Spiel fängt genauso an wie Rufer. Man spielt aber fast ausschließlich nur mit 20 Karten. Der Spieler in Vorhand sagt nach Erhalt seiner ersten drei Karten die Trumpffarbe an, ruft nun aber nicht das entsprechende As. Nachdem jeder seine fünf Karten zur Hand genommen hat,

erklären die Spieler der Reihe nach, ob sie ein höheres Spiel als den einfachen Rufer spielen wollen, oder ob sie passen. Wenn alle Spieler passen, wird einfacher Rufer gespielt, wobei der Besitzer des Trumpf-Asses automatisch Partner des Vorhand-Spielers wird.
Bei der Ansage eines höheren Spiels, das Vorrang vor dem einfachen Rufer hat, kann gewählt werden zwischen:

1. Bettler,
2. Angesagtem Schnapser,
3. Durchmarsch,
4. Bauernschnapser,
5. Herrrenschnapser.

Bettler: Er entspricht dem Nullspiel im Skat, das heißt, der ansagende Spieler darf überhaupt keinen Stich machen. Sobald er auch nur einen einzigen Stich übernehmen muß, hat er das Spiel verloren. Meldungen sind in diesem Spiel ohne Wert, da es ja nicht darauf ankommt, 66 Augen zu erreichen. Beim Bettler ist die Rangfolge der Karten im Stechen gegenüber den anderen Spielen etwas verändert:
As, König, Dame, Bube, Zehn.
Die Zehn rangiert hier also als niederste Karte und wird vom Buben gestochen. Einen Trumpf gibt es nicht, die anfängliche Bestimmung einer Trumpffarbe ist also hinfällig geworden, sobald jemand »Bettler« ansagt. Auch die Reihenfolge des ersten Anspiels verändert sich: Es spielt stets derjenige die erste Karten zum ersten Stich aus, der den Bettler angesagt hat. Der Bettler ist nur als Solospiel möglich.
Angesagter Schnapser: Das ist die nächsthöhere Stufe der Spielansage. Der Ansager verpflichtet sich, mit den ersten drei Stichen nebst Meldungen auf mindestens 66 Punkte zu kommen. Das Spiel ist gewöhnlich ein Solo, kann aber nach Vereinbarung auch von dem Spieler in Vorhand gemeinsam mit dem »gerufenen As« gespielt werden. In jedem Falle spielt Vorhand die erste Karte zum ersten Stich aus. Die Trumpffarbe bleibt bestehen.
Durchmarsch: Bei dieser auch »Gang« genannten Ansage verpflichtet man sich, sämtliche fünf Stiche zu machen. Einen Trumpf gibt es dabei nicht. Als erster spielt aus, wer den »Durch« angesagt hat.

Bauernschnapser: Diese wieder um eine Stufe höhere Ansage entspricht dem Durchmarsch mit folgenden Abweichungen: Die anfänglich bestimmte Trumpffarbe bleibt erhalten und nicht der Ansager, sondern stets der Spieler in Vorhand legt die erste Karte zum ersten Stich hin. Man kann vereinbaren, daß der Bauernschnapser von Vorhand gemeinsam mit dem gerufenen As gespielt werden kann; ansonsten ist er ein Solospiel.

Herrenschnapser: Er ist die höchste Ansagestufe. Man sagt ihn an, wenn man alle fünf Karten einer Farbe auf die Hand bekommt. Da es beim Herrenschnapser keinen Trumpf gibt und der Ansager selbst als erster ausspielt, erhält er mit Sicherheit sämtliche Stiche. Das Spiel wird deshalb gar nicht erst ausgeführt: Der Ansager legt seine Karten offen aus, wonach jeder erkennen kann, daß hier kein Stich abgegeben werden muß. Nach Vereinbarung kann man auch andere Kartenkombinationen als Herrenschnapser bewerten: jede nämlich, die ohne Trumpf und bei Ausspiel des Ansagers »offen«, also mit hingelegten Karten, gespielt werden kann, zum Beispiel drei Asse mit zwei Zehnern.
Der Spielablauf: Vorhand hat als erster das Recht, ein höheres Spiel als den einfachen Rufer anzusagen. Er kann aber auch passen. Nach Vorhand kommen nacheinander (im Uhrzeigersinn) die anderen Spieler an die Reihe und können ein Spiel ansagen oder passen. Man kann jedoch stets nur ein höheres Spiel ansagen als jemand, der zuvor an der Reihe war. Jeder Spieler kann außerdem nur eine Ansage machen. Derjenige mit der höchsten Ansage erhält das Spiel.
Haben alle Spieler gepaßt, so muß Vorhand den einfachen Rufer in der zuvor bestimmten Trumpffarbe spielen, nach Belieben als Solo (wenn er das As in der Trumpffarbe selbst hat) oder mit dem Besitzer des Trumpf-Asses.
Kontra: Auf jede Spielansage kann jeder Spieler »Kontra« erwidern. Das Spiel wird dann doppelt bewertet. Man kann vereinbaren, daß der Solospieler auf Kontra mit »Re!« (Rekontra) antworten darf, wonach das Spiel vierfach zählt.

Abrechnung: Ein »einfach« gewonnenes Rufspiel bringt einen Punkt, mit »Schneider« zwei Punkte, mit »schwarz« drei Punkte. Die Bewertung der weiteren Spiele entnehme man der folgenden Tabelle:

Spielart	gewonnen	mit Kontra
Einfacher Rufer	1	2
mit Schneider	2	4
mit Schwarz	3	6
Bettler	5	10
Angesagter Schnapser	6	12
Durchmarsch	9	18
Bauernschnapser	12	24
Herrenschnapser	24	—

Wird ein Spiel verloren, erhalten es die Gegner mit dem entsprechenden Punktwert gutgeschrieben. Gewinner ist, wer als erster 24 Punkte erreicht hat (wenn »Rekontra« erlaubt ist: 48 Punkte). Die Endabrechnung erfolgt nach einem zuvor vereinbarten Schlüssel, der sich nach den Punktdifferenzen der einzelnen Spieler richtet.

Kreuzschnapser

Das ist die Variante, die vielerorts als »Sechsundsechzig zu viert« bekannt ist. Je zwei Spieler bilden den Abend über eine feste Partei und spielen gemeinsam. Sie sitzen einander gegenüber.
Man nimmt 20, 24 oder 32 Karten, am häufigsten 20 oder 24. Es werden stets alle Karten ausgegeben, und zwar nach einem etwas ungewöhnlichen Rhythmus: Zuerst erhält der Partner des Gebers drei Karten, dann der Gegner des Gebers zur Linken, danach dessen Partner und zuletzt der Geber selbst; anschließend werden in derselben Reihenfolge jedem die restlichen zwei beziehungsweise drei Karten ausgeteilt. Die unterste Karte des Stapels zeigt der Geber offen her: Sie bestimmt die Trumpffarbe für dieses eine Spiel.
Mitunter wird die Trumpffarbe auf eine etwas andere Weise bestimmt: Vor Spielbeginn läßt der Geber eine Karte aus dem Stapel ziehen. Sie bestimmt nun für die nächsten vier Spiele oder (nach Vereinbarung) für den ganzen Abend die Trumpffarbe.
Der Spielverlauf ist im übrigen derselbe wie bei den anderen Spielen, mit einer Ausnahme: Die erste Karte zum ersten Stich spielt nicht Vorhand aus, sondern der Partner des Gebers. Es muß bedient und nach Möglichkeit überstochen werden; wer nicht bedienen kann, muß also trumpfen.
Auch beim Kreuzschnapsen kann ein Solo angesagt werden, und zwar von jedem beliebigen Spieler. In diesem Falle spielt stets der Solist als erster aus. Solospiele zählen doppelt. Ansonsten gilt die bereits bekannte Abrechnung mit »einfach«, »Schneider« und »schwarz«.

Tarock (Haferltarock)

Mit dem uralten Tarockspiel hat es nichts zu tun, wenn drei Bayern miteinander »tarocken«. Vom Originaltarock hat das bayerische Spiel nur den Namen, sonst aber nichts.
Haferltarock ist recht einfach in seinen Grundregeln, aber doch unterhaltsam und abwechslungsreich zu spielen. Es eignet sich deshalb gut als Spiel zu dritt in der Familie, da auch Kinder sich rasch in das Spiel einfinden.

Das Ziel des Spiels

Haferltarock ist ein reines Stichspiel; es geht also in erster Linie darum, von der unveränderlichen Punktzahl aller Karten mehr als die Hälfte in den eigenen Stichen zu gewinnen. Bei guten Karten hat man jedoch die Möglichkeit, von vornherein zu erklären, um wie viele Punkte man über der Hälfte der Gesamtsumme bleiben wird, und erhält dann im Gewinnfalle einen um so höheren Betrag, je höher man seinen Sieg voraussagte.

Teilnehmer

Man spielt stets zu dritt. Sitzt man zu viert in der Runde, kann man trotzdem tarocken: Der jeweilige Geber setzt dann aus, gibt also nur, spielt aber nicht mit.
Von den drei Teilnehmern wird stets einer Alleinspieler und tritt gegen die beiden andern an, die nun zusammenspielen. Für diese beiden Gegner des Alleinspielers kommt es also nicht in erster Linie darauf an, wieviel jeder von ihnen für sich in Stichen einheimst, sondern vor allem darauf, daß sie gemeinsam verhindern, den Alleinspieler ans Ziel kommen zu lassen. Sie werden sich also gegenseitig unterstützen, sooft dies möglich ist.

Zubehör

Man spielt mit 36 Karten, und zwar stilecht mit den gleichen, mit denen auch Schafkopf gespielt wird. Nur kommt hier zusätzlich noch der Wert Sechs ins Spiel. Die Karten mit dem bayerischen oder fränkischen Doppelbild tragen die deutschen Zeichen:
Eichel, Grün, Herz und Schelle.

Die Farbe Grün wird mitunter auch Laub oder Schippe genannt.
(Hinweise zum Bezug: Tarockkarte mit bayerischem Bild unter der ASS-Bestellnummer 1411/1, mit fränkischem Bild unter 1450/4, mit württembergisch-pfälzischem Bild unter 1455/9 über den Spiel- oder Schreibwarenhandel sowie die Fachabteilungen der Kaufhäuser.)
Zur Abrechnung der Spiele benötigt man Münzen (Fünfpfennigstücke) oder statt dessen Spielmarken oder Knöpfe oder Pfennige und ein »Haferl«, einen Topf oder Teller, der die Münzen aufnimmt.

Die Karten und ihre Rangfolge

Jede der vier Farben Eichel, Grün, Herz und Schelle setzt sich aus neun Karten von unterschiedlichem Wert zusammen, und zwar in der Rangfolge des Stechens von oben nach unten:

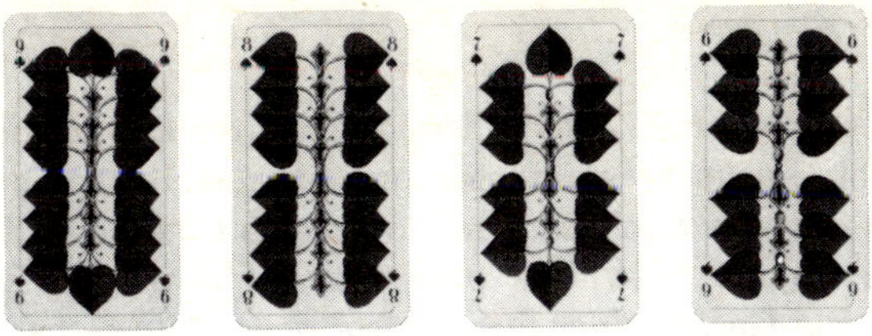

As, Zehn, König, Ober, Unter, Neun, Acht, Sieben, Sechs.
Der Ober entspricht der Dame, der Unter dem Buben in anderen Kartenspielen. Man beachte, daß die Zehn nicht unmittelbar vor der Neun steht, sondern vor dem König rangiert. Sie ist also die zweithöchste Karte jeder Farbe und kann nur vom As derselben Farbe (oder einem Trumpf) gestochen werden.

Die Kartenwerte

Jede dieser Karten hat einen bestimmten, unveränderlichen Punktwert (»Augen«), der in den Stichen über Gewinn oder Verlust entscheidet.
Es zählen:

Jedes As	11 Augen
jede Zehn	10 Augen
jeder König	4 Augen
jeder Ober (Dame)	3 Augen
jeder Unter (Bube)	2 Augen
Neun, Acht Sieben und Sechs	0 Augen
zusammen	30 Augen

Die 36 Karten aller vier Farben haben demnach einen Gesamtpunktwert von 120. Für die einfachste Form des Sieges benötigt man davon gerade ein Auge mehr als die Hälfte, also 61 Augen.

Trümpfe

Ständige Trümpfe wie bei Skat oder Schafkopf gibt es im Haferltarock nicht. Trumpf sind jeweils alle neun Karten einer Farbe, die der Alleinspieler sich ausgesucht hat. Er allein hat also das Recht, die Trumpffarbe zu bestimmen. Sie kann somit von Spiel zu Spiel wechseln.

Spielvorbereitung

Vor Beginn des Spiels muß jeder einen vereinbarten Betrag (oder eine bestimmte Anzahl Spielmarken) in eine gemeinsame Kasse, das »Haferl«, legen. Das kann ein Aschenbecher sein oder eine Untertasse. Ein Beispiel: Jeder setzt zu Beginn eine Mark oder zwei, in Fünf- und Zehnpfennigstücken, damit die Gewinne der Einzelspiele ohne Geldwechsel ausgezahlt werden können. Wird in Spielmarken abgerechnet (wie es für das Spiel zu Hause zu empfehlen, an Stammtischen aber nie üblich ist), so wird für je fünf Pfennige eine Spielmarke in die gemeinsame Kasse gelegt.
Der erste Geber, der durch Los (die höchste gezogene Karte) ermittelt wird, mischt und läßt abheben (ausführlich beschrieben unter »Allgemeines«). Danach teilt er linksherum (im Uhrzeigersinn) der Reihe nach jedem Spieler elf Karten aus, und zwar im Rhythmus vier-drei-vier, also zunächst jedem vier, dann jedem weitere drei, schließlich jedem die restlichen vier. Damit sind aber erst 33 Karten ausgegeben, es bleiben also drei übrig. Sie bilden den »Stock«, den Talon. Was damit geschieht, wird gleich näher beschrieben. Nur soviel hier schon: Diesen Stock darf zunächst niemand aufnehmen und ansehen, er bleibt also vorerst liegen. Und weil man beim Abheben oder Geben unbemerkt einen Blick auf die unterste Karte werfen könnte, wird der Stock nicht aus den letzten drei Karten gebildet, sondern zwischendurch gelegt, gewöhnlich, bevor man jedem Spieler die abschließenden vier Karten austeilt.

Spiel mit Stock oder aus der Hand

Nach dem Geben nimmt jeder seine Karten zur Hand, ordnet sie nach Farben und Werten und kann nun feststellen, ob er Aussicht hat, wenigstens 61 Augen in Stichen einzuheimsen. Wer dieses Ziel zu erreichen hofft, wird versuchen, Alleinspieler zu werden. Er darf dann die drei Karten des Stocks nehmen und dafür drei unpassende Karten aus seiner Hand ablegen. Dadurch kann er sein Blatt unter günstigen Umständen erheblich verbessern. Hat jemand aber von vornherein ausreichend gute Karten erhalten, kann er auf die Aufnahme des Stocks verzichten und dadurch den Spielwert erhöhen. Ein solches Handspiel hat stets Vorrang vor einem Spiel mit Stock-Aufnahme. Unter zwei Bewerbern wird also derjenige Alleinspieler, der auf den Stock verzichtet. Wollen zwei ein Handspiel wagen, hat derjenige Vorrecht, der »vorn« sitzt, also näher zur Linken des Gebers, oder derjenige, der ein höheres Stichangebot macht als sein Kontrahent.

Spielansage

Das Recht zur Spielansage hat als erster der Spieler in Vorhand, links vom Geber. Will er Alleinspieler werden, sagt er: »Ich spiele!«, hat er schlechte Karten und muß das Spiel einem andern überlassen, sagt er: »Ich passe!« Nach Vorhand erklären der Reihe nach die beiden anderen, ob sie spielen oder passen.
Sobald jemand erklärt hat, daß er spiele, können die nachfolgenden diese Ansage nur durch das höhere Angebot des Handspiels überbieten. Wer das nicht kann, sagt »Gut!« und akzeptiert die Spielansage des Vordermanns. Um wiederum ein Handspiel zu überbieten, muß man erklären, man werde fünf Augen mehr stechen als die zum Sieg normalerweise nötigen 61 Augen. Diese Ansagen können durch ein jeweils um fünf Augen erhöhtes Angebot weiter überboten werden.
Zwei Beispiele: Vorhand hat ein schlechtes Blatt und sagt: »Ich passe!«, sein linker Nachbar erklärt: »Ich spiele!«, der dritte in der Runde (der Geber) paßt ebenfalls und sagt: »Gut!« Da er keinen Mitbewerber hatte, kann der Spielansager nun wählen, ob er aus der Hand oder mit Aufnahme des Stocks spielen möchte. Das andere Beispiel: Vorhand sagt: »Ich spiele!«, sein linker Nachbar muß passen und sagt: »Gut!«, der Geber aber hat ebenfalls ein gutes Blatt und erklärt nun: »Ich spiele auch!« Damit hat er bereits eine höhere Ansage abgegeben, es kommt also jetzt nur noch ein Handspiel in Frage. Vorhand, der ja »vorn« ist und damit bei gleichrangigen Angeboten den Zuschlag erhält, braucht nun nicht zu erhöhen; es genügt, wenn er das Angebot des Mitbewerbers »hält«. Er sagt also, falls er nicht passen muß: »Ich halte!« Der Mitbewerber, der »hinten« ist, muß nun wiederum erhöhen, wenn er es nicht vorzieht, zu passen. Er sagt nun also: »Fünf mehr!«, was besagt, daß er jetzt 66 statt 61 Augen zum Sieg benötigt. Hält Vorhand auch dieses Angebot, muß Hinterhand weiter erhöhen, indem er »Zehn mehr!« anbietet, danach »Fünfzehn mehr!« und so in Fünferstufen weiter, bis einer der beiden aufhören muß und mit »Gut!« das Spiel des Gegners akzeptiert. Alle diese Spiele um eine erhöhte Augenzahl sind natürlich nur aus der Hand, ohne Stockaufnahme, möglich.

Spielverlauf

Hat jemand das Spiel ohne Gegenansage erhalten, kann er nach Belieben entweder den Stock aufnehmen oder das höherbewertete Handspiel wählen. Nimmt er den Stock, so muß er dafür drei Karten »drücken«, also verdeckt

vor sich ablegen. Verdeckt heißt: mit den Rückseiten nach oben. Diese drei Karten zählen für ihn wie ein Stich. Wird aber aus der Hand gespielt, darf der Stock nicht angesehen werden. Er bleibt bis zum Schluß unberührt liegen, gehört aber dem Alleinspieler, der die Augen des Stocks seinen Stichen hinzuzählen darf.
Als nächstes folgt die Bestimmung der Trumpffarbe. Der Alleinspieler sagt also beispielsweise: »Herz ist Trumpf!« Für dieses eine Spiel sind nun die neun Karten der Farbe Herz Trümpfe, das heißt: Sie stechen jede Karte der drei anderen Farben. Man bestimmt also jene Farbe zum Trumpf, von der man möglichst viele und möglichst hohe Karten hat.
Nachdem der Trumpf angesagt ist, spielt Vorhand die erste Karte zum ersten Stich aus. Einerlei, wer in der Runde Alleinspieler geworden ist: Die allererste Karte legt stets Vorhand hin. Danach gibt sein linker Nachbar eine Karte hinzu, anschließend der dritte.
Für das Stechen gilt als oberste Regel: Es muß Farbe bedient werden, und wer nicht bedienen kann, muß trumpfen. (Was Bedienen heißt, ist ausführlich im Kapitel »Allgemeines« beschrieben.) Ein Zwang zum Überstechen besteht jedoch nicht. Das bedeutet: Wer in der angespielten Farbe mehrere Karten auf der Hand hält, darf frei wählen, ob er mit einer höheren einstechen oder mit einer niedrigeren darunterbleiben möchte.
Ein Stich gehört stets demjenigen, der die höchste Karte hingelegt hat, entweder die höchste in der angespielten Farbe, wenn alle bedienen konnten (die Farbe also »lief«), oder in Trumpf. Selbstverständlich muß, wenn Trumpf angespielt wurde, auch mit Trumpf bedient werden, wenn man kann. Der Gewinner eines Stichs nimmt die drei Karten, legt sie umgedreht vor sich ab und spielt die erste Karte zum nächsten Stich aus.

Spielende

Wenn alle elf Stiche gemacht sind, zählt jeder die Augen in seinen Stichen zusammen. Hat der Alleinspieler nun sein Ziel erreicht, gewinnt er, wenn nicht, verliert er.
Er verliert, wenn er nur 60 Augen in den Stichen hat oder eine höhere Spielansage (bei »Fünf mehr« also 66 Augen) nicht erreichen konnte. Gewinnt er, so erhöht sich sein Gewinn für je fünf Augen, die er über 61 in seinen Stichen hat, um eine Stufe. Für je fünf vor Spielbeginn angesagte Mehraugen steigt der Gewinn um eine weitere Stufe.
Das bedeutet: Gewinnt ein Spieler mit einer Augenzahl zwischen 61 und 65, so erhält er den einfachen Grundbetrag (gewöhnlich fünf Pfennige oder

eine Spielmarke), gewinnt er mit einer Augenzahl zwischen 66 und 70, erhält er den zweifachen Grundbetrag, hat er diese Augenzahl aber vorher angesagt, gewinnt er eine weitere Stufe höher, also den dreifachen Grundbetrag. Erreicht er zwischen 71 und 75 Augen, steht er um zwei Gewinnstufen höher, erhält also den dreifachen Grundbetrag, bei vorheriger Ansage den fünffachen Grundbetrag – und so weiter.
Verliert er das Spiel, so gelten die entsprechenden Stufen abwärts. Die vorherige Ansage einer höheren Stichzahl wirkt dabei aber nicht erhöhend. Zum Beispiel: Hat jemand »Zehn mehr!« angesagt und macht nur 61 Augen, hat er zehn Augen zuwenig und verliert den zweifachen Grundbetrag.

Abrechnung

Bei einem gewonnenen Spiel mit Aufnahme des Talons entnimmt der Gewinner den ihm zustehenden Betrag aus dem Haferl. Verliert er, bezahlt er den entsprechenden Betrag einem der beiden Gegner, während der zweite sich denselben Betrag aus der Kasse nimmt.
Bei einem gewonnenen Handspiel erhält der Gewinner den errechneten Betrag von jedem der beiden Gegner aus deren eigener Tasche. Hier wird also das Haferl geschont. Daraus ergibt sich aber auch, daß Handspiele doppelt entlohnt werden, da der Gewinner den Betrag von jedem seiner Gegner erhält. Verliert jedoch jemand ein Handspiel, bezahlt er den anstehenden Betrag ebenfalls aus eigener Tasche an jeden der beiden Gegner; er verliert also ebenfalls doppelt.
Zwei Abrechnungsbeispiele: Ein Spieler verliert ein Aufnahmespiel, weil er nur 49 Augen in seinen Stichen hat, zwölf Augen zuwenig. Das bedeutet: Dreifache Stufe, weil er über zehn Augen im Minus blieb. Er bezahlt also (bei einem Grundbetrag von fünf Pfennigen) an einen der beiden Gegner 15 Pfennige, der andere entnimmt dem Haferl denselben Betrag.
Oder: Ein Spieler, der »Zehn mehr!« angesagt hatte, gewinnt mit 84 Augen. Er hat 23 Augen mehr als 61, das bedeutet fünffacher Grundbetrag, außerdem hat er zehn Mehraugen angesagt, das bringt zusätzlich zwei Gewinnstufen, insgesamt also den siebenfachen Grundbetrag. Er bekommt nun von jedem der beiden Spieler 35 Pfennige, zusammen 70.

Zusatzregeln

Kontra: Die Kampfansage »Kontra!« zur Verdopplung des Spielwerts ist im Haferltarock nicht üblich. Wer will, kann aber vor dem Spiel vereinbaren, daß Kontra und Rekontra erlaubt sein sollen. In diesem Falle kann dem Alleinspieler vor Ausspiel der ersten Karte Kontra geboten werden, wodurch er doppelt gewinnt und vierfach verliert. Der Alleinspieler kann die Ansage »Kontra!« durch »Re!« (Rekontra) erwidern, wodurch der Spielwert sich erneut verdoppelt: Gewinn vierfach, Verlust achtfach.
Selbststeigern: Mancherorts ist es Brauch, daß ein Spieler, der nicht durch Mitbewerber zum Steigern gezwungen wurde, sich selbst steigern darf, wenn er ein Handspiel macht. Er kann nun also auch dann, wenn beide anderen gepaßt haben, fünf oder zehn oder beliebig mehr Augen ansagen, bevor das Spiel beginnt, darf aber den Stock in diesem Falle nicht aufnehmen, weil eine Spielerhöhung nur bei Handspielen möglich ist.
Ständige Trumpffarbe: Es kann vereinbart werden, daß bei Aufnahmespielen stets die Farbe Herz Trumpf sein soll. Nur bei Handspielen kann der Alleinspieler nun bestimmen, ob eine andere Farbe Trumpf wird.
Berliner: Bei dieser Variante des Tarocks ist es nur dem Geber erlaubt, mit Aufnahme des Stocks zu spielen. Die beiden anderen müssen Handspiel wählen. Zusätzlich kann vereinbart werden, daß der Geber, wenn er mit dem Stock spielt, nur Herz zum Trumpf machen darf.

Watten

Watten ist ein recht kurzweiliges Spiel, das in Bayern beliebt ist. Das Bundeskriminalamt stuft es als Glücksspiel ein, so daß man sich strafbar macht, wenn man es öffentlich um hohe Einsätze spielt. Im Gegensatz zu den meisten anderen Glücksspielen bleibt Watten aber auch dann unterhaltsam, wenn man es nicht um Geld spielt. Außerhalb seiner bayerischen Heimat ist das Spiel fast nur dem Namen nach bekannt.

Das Ziel des Spiels

Es geht allein darum, von fünf möglichen Stichen die Mehrzahl zu machen, also drei. Auf die Augenzahl in den Stichen kommt es dabei überhaupt nicht an. Das Glück im Spiel beruht vor allem darauf, daß nicht sämtliche Karten verteilt werden und man deshalb unter Umständen mit einer verhältnismäßig niedrigen Karte einen unverhofften Stich machen kann.

Teilnehmer

Man spielt gewöhnlich zu viert, und zwar »über Kreuz«, das heißt: Die beiden Spieler, die einander gegenüber sitzen, bilden den Abend über eine Partei. Die Sitzordnung (und damit die Verteilung der Partnerschaften) kann vor Spielbeginn durch Los (Ziehen von Karten) bestimmt werden.
Man kann Watten auch zu dritt oder zu zweit spielen, doch wächst der Einfluß des Glücks mit der Abnahme der Teilnehmerzahl.

Zubehör

Gespielt wird mit 32 Karten, gewöhnlich mit dem Schafkopf-Blatt, das die Farben Eichel, Grün (auch Schippe oder Laub genannt), Herz und Schelle zeigt.

Man kann auch mit dem Skatblatt spielen, dann ist Eichel Kreuz, Grün ist Pik, Herz bleibt Herz und Schelle ist Karo.

Die Karten und ihre Rangfolge

Jede der vier Farben setzt sich aus acht verschiedenen Kartenwerten zusammen, die im Stechen diese Rangfolge von oben nach unten haben:
As, König, Ober, Unter, Zehn, Neun, Acht, Sieben

Diese Rangfolge ist freilich nicht für sämtliche Farben gültig, da einige Karten aus verschiedenen Farben ständige Trümpfe sind, andere wiederum von Fall zu Fall wechselnd zum Trumpf erklärt werden können.

Trümpfe

Die ständigen Trümpfe sind für Nichtwatter recht exotisch, und auch die Bestimmung der wechselnden Trümpfe geschieht auf eine Weise, die ungewöhnlich erscheint.

Die höchsten Trümpfe sind in der Regel die drei »Kritischen«, und zwar in der Rangfolge von oben nach unten:

»Maxi«, der Herz-König, der je nach Dialekt auch »Martl« oder ähnlich heißt; er ist der allerhöchste Trumpf;

»Belli«, die Schelle-Sieben, auch »Welli« oder (in Österreich) »Weli« genannt; sie ist der zweithöchste Trumpf;

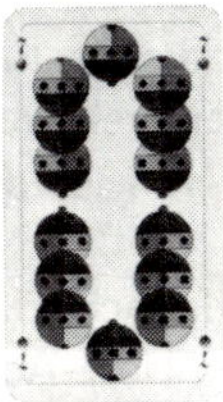

»Spitz«, die Eichel-Sieben, ist der dritthöchste Trumpf.

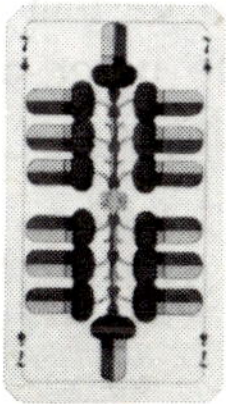

Diese drei Karten: Herz-König, Schelle-Sieben und Eichel-Sieben, sind ständig die drei höchsten Trümpfe, sofern, wie üblich, »kritisch« gespielt wird. Man kann freilich auch vereinbaren, daß »unkritisch« gespielt wird; dann gelten diese drei Karten als nichts Besonderes. Man muß vor dem Spiel vereinbaren, ob kritisch oder unkritisch gespielt wird.
Ob so oder so, in jedem Spiel gibt es noch wechselnde Trümpfe, und zwar die »Schläge« und die Trumpffarbe.
Schläge sind ein bestimmter Kartenwert, zum Beispiel Ober oder Achter. Stets bestimmt ein Gegner des Gebers, welcher Wert »Schlag« werden soll. Danach hat der Geber das Recht, eine beliebige Farbe zum Trumpf zu erklären. Schläge gehen aber stets über die Trumpffarbe. Der Schlag in der Trumpffarbe ist »Hauptschlag« und rangiert unter den Schlägen an erster Stelle, ist somit der vierthöchste Trumpf nach Maxi, Belli und Spitz. Für die restlichen drei Schläge gibt es keine Rangfolge; untereinander sticht derjenige, der zuerst ausgespielt wurde. Nach den Schlägen folgen im Rang des Stechens sämtliche Karten der Trumpffarbe, vom As über den König bis zur Sieben.
Man beachte jedoch: Sollte Herz Trumpffarbe sein, rangiert der König nicht unter dem As, da er als »Maxi« der allerhöchste Trumpf ist. Entsprechend fehlen die Siebener in den Farben Schelle und Eichel, die ja als Belli und Spitz zu den Hochtrümpfen zählen. So bleibt zwar die Rangfolge der drei Kritischen unverändert, die restlichen Trümpfe aber können oft kunterbunt gemischt sein, zum Beispiel, wenn die Neuner zum Schlag und Herz zum Trumpf erklärt wurde. Nun ist die Rangfolge aller Trümpfe von oben nach unten:
Maxi, Belli, Spitz, Herz-Neun, danach die restlichen Neuner, Herz-As, Herz-Ober, Herz-Unter, Herz-Zehn, Herz-Acht, Herz-Sieben.
Wäre dagegen Eichel Trumpf, wäre die Eichel-Neun der Hauptschlag, der König aber würde dem As folgen, statt dessen würde die Sieben fehlen, die dritthöchster Trumpf ist.
Man muß sich also von Spiel zu Spiel auf eine andere Reihenfolge der Trümpfe einstellen, was eine gewisse Konzentration erfordert. Aber damit nicht genug: Da nicht alle Karten verteilt werden, weiß niemand, welche Trümpfe nun im Spiel und welche unter den Restkarten sind. Das Spiel steckt also stets voller Überraschungen.

Der Spielbeginn

Der Geber mischt und läßt abheben (Näheres darüber unter »Allgemeines«). Der Abheber (der Spieler rechts vom Geber) muß die unterste Karte des abgehobenen Teils ansehen. Ist sie ein Kritischer, darf er sie behalten und erhält beim folgenden Geben eine Karte weniger.
Nach Mischen und Abheben teilt der Geber jedem Spieler fünf Karten aus, zunächst jedem drei, danach jedem weitere zwei. Als erster erhält der Spieler links vom Geber (der die Vorhand hat) Karten, danach die anderen der Reihe nach im Uhrzeigersinne.
Sind die Karten verteilt, hat der Spieler in Vorhand das Recht, die Schläge anzusagen. Er wählt dazu einen Wert, von dem er möglichst zwei oder mehr Karten auf der Hand hat, jedoch mindestens eine. Nachdem die Schläge bestimmt sind, erklärt der Geber als Gegner des Vorhandspielers, welche Farbe Trumpf sein soll. Er wählt dazu entweder eine Farbe, in der er mehrere Karten hat, oder eine, die ihm den Hauptschlag beschert, in jedem Falle aber eine, in der er zumindest eine Karte auf der Hand hat.

Das Stechen

Nachdem Schläge und Trumpffarbe bestimmt sind, spielt Vorhand die erste Karte zum ersten Stich aus. Und auch beim Stechen ist wieder alles anders als sonst: Man muß niemals Farbe bedienen (was Bedienen heißt, finden Sie im Kapitel »Allgemeines« beschrieben), doch gibt es eine einzige Ausnahme dieser Regel: Wird als erste Karte zum ersten Stich der Hauptschlag hingelegt, so muß jeder Spieler nach Möglichkeit mit einer Trumpfkarte bedienen, und nicht nur das: Er muß, wenn er kann, auch überstechen, also einen der drei Kritischen hinlegen, wenn er ihn hat. In allen anderen Fällen kann man auf eine angespielte Karte jede beliebige seiner Handkarten zugeben.
Sobald eine Partei drei Stiche gemacht hat, ist das Spiel zu Ende. Die Gewinner schreiben sich die entsprechende Punktzahl gut.

Ausschaffen

Das normale Spiel zählt für die Gewinner zwei Punkte. Hält eine Partei sich vor Beendigung des Spiels stark genug für die nötigen drei Stiche, kann sie die Gegner »ausschaffen«, das bedeutet: Sie bietet dem Gegner

an, das Spiel abzubrechen und zugunsten der Ausschaffer mit zwei Punkten zu notieren. Lehnt die Gegenpartei dieses Angebot ab, wird weitergespielt, nun aber um drei Punkte. Das Angebot des Ausschaffens wird gewöhnlich mit »Gehen!« oder »Drei!« angekündigt. Dieses Angebot kann zu jedem beliebigen Zeitpunkt während des Spiels erfolgen, also auch dann, wenn jede Partei bereits zwei Stiche haben sollte. Wird das Angebot angenommen, zählt das Spiel nur zwei Punkte, wird es abgelehnt, erhält die gewinnende Partei drei Punkte. Das Angebot »Drei!« kann aber auch mit »Vier!« gekontert werden, wenn die Gegner überzeugt sind, daß sie ihre drei Stiche machen werden. Die andere Partei kann nun ihrerseits mit »Fünf!« erhöhen, die Gegner wieder auf »Sechs!« und so weiter.
Wird eines dieser Angebote angenommen, so gilt die vorherige Punktansage als Gewinn. Die Karten werden zusammengeworfen und müssen nicht vorgezeigt werden. Dadurch ist dem Bluffen Tür und Tor geöffnet, und gerade das macht das Spiel reizvoll und undurchschaubar. Aber nicht nur dem Bluff mit schlechter Karte wird Vorschub geleistet: Hat beispielsweise jemand alle drei Kritischen oder doch wenigstens drei aussichtsreiche Trümpfe, so ist er sicherer oder möglicher Sieger. Um nun die Gewinnpunkte zu erhöhen, wird er nicht gleich »Gehen!« sagen, da dieses Angebot womöglich vom Gegner angenommen werden könnte, so daß nur zwei Gewinnpunkte gutgeschrieben werden. Er richtet es vielmehr nach Möglichkeit so ein, daß die Gegner die beiden ersten Stiche erhalten und nun im Übermut ihrerseits »Drei!« ansagen. Daraufhin kontert der Besitzer der drei Kritischen mit »Vier!« und gewinnt die restlichen drei Stiche. Das Spiel zählt doppelt soviel wie üblich.

Spielende

Sieger ist die Partei, die zuerst 15 Punkte erreicht hat. Mancherorts ist schon bei elf Punkten der Sieg sicher. Eine Partei, die zwei Punkte unter dem Ziel angelangt ist, ist »gespannt« und darf den Gegner nicht mehr ausschaffen.

Besonderheiten

Wer einen Wert zum Schlag oder eine Farbe zum Trumpf erklärte, ohne wenigstens eine Karte davon auf der Hand zu haben (was sich ja im Spiel erweist), erhält zwei Minuspunkte.

Beim Spiel zu viert ist es üblich, dem Partner den Besitz hoher Trümpfe durch mimische Zeichen zu verraten. So heißt beispielsweise:
Mund spitzen: Ich habe den Maxi;
mit rechtem Auge zwinkern: Ich habe den Belli;
mit linkem Auge zwinkern: Ich habe den Spitz.
Für die restlichen Trümpfe sind weitere mimische Zeichen üblich.
Beim Signalisieren darf man sich freilich nicht vom Gegner erwischen lassen, weil man sonst das Spiel verliert.

Zwicker

Zwickern, auch Zwickeln genannt, ist ein Karten-Raubspiel, das in Schleswig-Holstein noch gespielt wird. Es verläuft ganz anders als die üblichen Stich- und Meldespiele und eignet sich ausgezeichnet zum Spiel mit Kindern in der Familie.
Zwicker ist ein Beispiel dafür, wie ein lokal bekanntes und einst beliebtes Spiel allmählich in Vergessenheit gerät. Da es dieses Schicksal nicht verdient, sei es hier beschrieben. In einem 1934 erschienenen »Schleswig-Holsteinischen Wörterbuch« von Prof. Otto Mensing heißt es unter dem Stichwort »zwickeln«: »Beliebtes Kartenspiel, besonders in Kremper Marsch, Wilster Marsch, Dithmarschen, Eiderstedt, Nordfriesland; auch zwickern genannt. Bei dem Spiel kommt es darauf an, von den 52 Karten durch Kauf der auf dem Tisch liegenden Karten möglichst viele an sich zu bringen; es wird fast nie um Geld, sondern meistens um ein Glas Bier oder einen Grog gespielt.«

Das Ziel des Spiels

Vier Karten werden offen, mit den Bildseiten nach oben, auf den Tisch gelegt. Jeder Spieler versucht nun, mit seinen Handkarten passende Tischkarten zu rauben. Dabei geht es darum, nicht nur möglichst viele, sondern auch ganz bestimmte Karten mit hohem Punktwert zu rauben und sooft wie möglich einen »Zwick« zu machen, das heißt: den ganzen Tisch zu leeren.

Teilnehmer

Man kann zu zweit, zu dritt und zu viert spielen. Auch Spiele in noch größerer Runde sind möglich, doch muß man dann ein doppeltes Kartenspiel nehmen.
Partnerschaften bilden sich nicht, es spielt also stets jeder für sich gegen jeden.

Zubehör

Man spielt ursprünglich mit 52 Karten, heute aber meistens mit sechs zusätzlichen Jokern, also mit 58 Karten.
(Hinweis für den Bezug des Original-Zwickerblattes: ASS-Bestellnummer 1310/3 über den Spielwaren- und Schreibwarenhandel oder die Fachabteilungen der Kaufhäuser.)
Wer Rommékarten besitzt, kann sich behelfen, indem er das halbe Blatt (52 Karten) nimmt, aber alle sechs Joker hinzufügt.

Die Karten und ihre Rangfolge

Die Karten tragen die bekannten Farbzeichen Kreuz, Pik, Herz und Karo, doch spielen die Farben hier nur eine nebensächliche Rolle. Will man rauben, so kommt es allein auf den gleichen Wert der Karten an und überhaupt nicht auf ihre Farbe. Nur in der Abrechnung am Schluß jedes Spiels sind einzelne Karten von bestimmter Farbe wertvoller als andere.
Die Reihenfolge der Karten und ihre Bewertung (ihre »Augen«-Zahl) ist gegenüber anderen Spielen etwas seltsam, läßt sich aber rasch merken. Sie ist von unten nach oben:
2, 3, 4, 5, 6, 7, 8, 9, 10, As, Bube, Dame, König
Jeder dieser Karten hat einen festen Punktwert, der jedoch nur für das Rauben entscheidend ist: Mit einer Karte kann man Karten von gleichem Punktwert rauben.
Für die Werte Zwei bis Zehn ist der Punktwert leicht zu merken: Die Zwei zählt 2, die Drei 3 und so weiter bis zur Zehn, die 10 Punkte hat. Die Bewertung der restlichen vier Karten aber muß man sich besonders einprägen:

das As zählt	11
der Bube	12
die Dame	13
der König	14

Die Joker sind Karten mit veränderlichem Wert. Sie können für jede beliebige Karte gelten, angefangen von der Zwei bis hinauf zur höchsten Karte, dem König.

Das Rauben

Die Karten auf dem Tisch sind das »Bild«. Mit einer Karte auf der Hand kann man eine gleichwertige aus dem Bild rauben, wenn man an der Reihe ist, mit einer Drei also eine andere Drei vom Tisch. Man legt die Handkarte offen hin, als würde man zu einem Stich ausspielen, nimmt die entsprechende Karte aus dem Bild und legt beide vor sich ab. Man kann aber nicht nur einzelne Karten rauben, sondern unter Umständen auch mehrere zugleich und, wenn man Glück hat, das gesamte Bild. Für das Rauben mehrerer Karten gibt es zwei Wege:

a) Liegen zwei oder mehr gleichwertige Karten im Bild, kann man mit einer entsprechenden Handkarte alle gleichwertigen rauben, mit einer Fünf beispielsweise zwei Fünfer, die im Bild liegen.

b) Liegen mehrere Karten im Bild, die zusammengezählt dem Wert einer Handkarte entsprechen, können sie allesamt geraubt werden. Ein Beispiel: Mit einem As, das elf zählt, können eine Fünf und eine Sechs aus dem Bild geraubt werden, die zusammen 11 zählen, oder eine Zwei, eine Drei und eine Sechs.

c) Die Möglichkeiten a) und b) lassen sich auch kombinieren. Dazu ein Beispiel: Im Bild liegen zwei Damen sowie eine Sechs und eine Sieben. Wer eine Dame auf der Hand hat und an der Reihe ist, kann nun nach a) beide Damen rauben und zugleich nach b) die Sechs und die Sieben, die zusammen mit 13 Punkten dem Wert einer Dame entsprechen. Damit könnte er das ganze Bild abräumen und einen »Zwick« machen, der zusätzliche Punkte einbringt. Man kennzeichnet deshalb jeden Zwick für die Endabrechnung, indem man eine der geraubten Karten quer zu den anderen oder offen vor sich ablegt.

Joker

Joker können sowohl auf der Hand als auch auf dem Tisch jede beliebige andere Karte vertreten. Hat man einen Joker auf der Hand, kann man ihn also ebensogut als Zwei wie als König einsetzen. Liegt ein Joker im Bild, kann er jeden beliebigen Punktwert zwischen 2 und 14 bilden, der einem »Räuber« zu seiner Kombination fehlt.

Man kann jedoch einige Zusatzregeln vereinbaren, die den Jokern die dominierende Rolle etwas beschneiden, und zwar:

a) Liegt nur ein Joker und sonst keine andere Karte im Bild, darf er nur durch einen Joker geraubt werden.

b) Mit einem Joker darf man beliebig viele Karten (maximal 14 Punkte) aus dem Bild rauben, wenn es geht, auch alle, doch gilt dieses Abräumen nicht als Zwick.
Man kann dem Joker auch eine Art Sperrfunktion einräumen, indem man vereinbart, daß Joker nie aus einem Bild geraubt werden dürfen. Das bedeutet: Sobald ein Joker auf den Tisch gelegt wird, ist kein »Zwick« mehr möglich.
Welche dieser Regeln gelten sollen, muß vor dem Spiel vereinbart werden. Wer das Spiel lernen möchte, dem sei empfohlen, zunächst die eine, später die andere der Zusatzregeln auszuprobieren und dann zu übernehmen, was einem gefällt. Der eigenen Phantasie sind bei der Erfindung weiterer Rollen für den Joker keine Grenzen gesetzt.

Der Spielablauf

Der erste Geber, der durch Los (Ziehen der höchsten Karte) bestimmt werden kann, mischt die Karten und läßt abheben. Ausführliche Beschreibung dieser Vorgänge im Kapitel »Allgemeines«.
Der Reihe nach und im Uhrzeigersinne teilt der Geber jedem Spieler einzelne Karten aus, bis jeder vier Karten hat. Einerlei, wie viele Spieler in der Runde sitzen: Jeder erhält stets vier Karten. Anschließend werden vier Karten als »Bild« offen auf den Tisch gelegt.
Die restlichen Karten kommen als Stapel beiseite, mit den Rückseiten nach oben.
Der Spieler links vom Geber beginnt mit dem Rauben (das man auch »Kaufen« nennen kann). Er prüft, mit welcher seiner Handkarten er den für ihn günstigsten Raub machen kann, muß dabei aber zugleich berücksichtigen, daß er nach Möglichkeit seinem Nachfolger nicht die Chance zu einem Zwick bietet.
Kommt ein Spieler an die Reihe, der keine Karte aus dem Bild rauben kann, muß er eine seiner Handkarten zum Bild legen, auch dann, wenn dadurch mehr als vier Karten auf den Tisch kommen. Er hat dafür zwei Möglichkeiten:
a) Er legt die Karte neben die anderen (falls überhaupt welche da sind), so daß sie als normale »Bild«-Karte bewertet wird.
b) Er legt sie auf eine der Bild-Karten, und zwar so, daß der Wert beider Karten sichtbar bleibt. Diese beiden Karten bilden nun mit ihrem summierten Wert eine Einheit. Eine Drei auf einer Fünf wird also fortan als Acht betrachtet und kann nur als Wert acht geraubt werden. Man kann auf diese

Weise auch mehr als zwei Karten aufeinanderlegen; der soeben gebildete Wert acht aus Fünf und Drei kann also vom Nachbarn, der ebenfalls nicht rauben kann, durch eine weitere Drei zur elf (Wert eines Asses) aufgestockt werden. Die Obergrenze ist freilich bei 14 erreicht, dem Wert der höchsten Karte, des Königs.

Hat jemand das gesamte Bild geraubt und damit einen Zwick gemacht, muß der nachfolgende Spieler eine seiner Handkarten dem Tisch bringen, sie hinlegen. Der nächste Spieler kann diese Karte nun rauben und damit erneut einen Zwick machen, oder er muß seinerseits eine Karte hinzulegen.

So wird reihum weitergespielt, bis jeder seine vier Handkarten losgeworden ist. Nun teilt der gleiche Geber jedem Spieler erneut vier Karten zu, und zwar wiederum einzeln. Diese Karten werden aus dem beim ersten Geben übriggebliebenen Stapel verteilt. Ins »Bild« aber werden nun keine neuen Karten mehr gelegt.

Es wird in der beschriebenen Weise weitergespielt, bis nach mehrmaligem Geben der Reststapel aufgebraucht ist, wobei in der letzten Runde unter Umständen nur weniger als vier Karten pro Spieler verteilt weden können. Derjenige, der den letzten Raub macht, darf sich auch die restlichen Karten des Bildes nehmen, doch zählt dieses abschließende Abräumen nicht mehr als Zwick.

Abrechnung

Wenn alle Karten aufgebraucht sind, errechnet jeder Spieler für sich den Wert seiner Räubereien. Dabei werden nicht die Augenzahlen der gekauften Karten zusammengezählt, vielmehr bringen nur ganz bestimmte Karten Punkte für die Abrechnung. Es zählt:

Karo-Sieben (»Honneur«)	1 Punkt
Pik-Sieben (»Honneur«)	1 Punkt
Jedes As	2 Punkte
Karo-Zehn (»Kardinalblatt«)	10 Punkte

Alle anderen Karten sind für die Abrechnung ohne jede Bedeutung. Zusätzlich zu diesen Punkten gilt jedoch: jeder Zwick 3 Punkte.

Außerdem darf sich der Spieler, der die meisten Karten besitzt, einen Extrapunkt notieren.
Wer als erster eine vorher vereinbarte Punktzahl im Verlaufe mehrerer Spiele erreicht hat, ist Gesamtsieger. Man kann auch gleich nach jedem Spiel »abrechnen« und den Verlierer mit der geringsten Punktzahl zu einer Runde Bier verurteilen.

Bitte an die Leser

Der Autor möchte seine Beschreibungen von alten und neueren deutschen Kartenspielen möglichst vervollständigen und, wo nötig, verbessern. Dazu ist er auf Ihre Mithilfe angewiesen. Besonders interessiert es ihn zu erfahren:

- Wo gibt es Abweichungen von den in diesem Buch beschriebenen Regeln, und welcher Art sind sie?
- Wo verlaufen die Grenzen der »Lokalspiele«, wo also spielt man Cego, Gaigel oder eines der anderen Spiele, während es wenige Orte weiter schon unbekannt oder vergessen ist?
- Sind Beschreibungen in diesem Buch lückenhaft oder fehlerhaft?
- Gibt es außer den hier beschriebenen noch weitere Kartenspiele von lokaler Bedeutung?

Wenn Sie dazu oder darüber hinaus etwas zu berichten haben, schreiben Sie bitte an den Autor über den Verlag oder direkt an: C. D. Grupp, Rechbergweg 16, 7064 Remshalden-Buoch.

Vielen Dank!

Mein Dank

gilt allen, die mir geholfen haben, diese »Lokalspiele« zu beschreiben. Besonders danke ich für Mithilfe beim Spiel Schafkopf: Herrn Dieter Schmidt, Waldenbuch im Schönbuch; bei Doppelkopf: den Familien Hesselmann und Poggensee, Hespenbusch/Großenkneten in Oldenburg; bei Binokel: Herrn Horst Häcker, Remshalden-Buoch bei Stuttgart; bei Cego: Herrn Adolf Zeller, Donaueschingen (»Fürstenberger Hof«) und seiner Cego-Runde, vor allem auch Herrn Karl Stähle, Donaueschingen; bei Gaigel: Herrn Peter Kiefer und Frau Elli Kiefer, Remshalden-Buoch (»Krone«); bei Jaß: Herrn Gottfried Egg, Präsident des Organisationskomitees der Schweizer Jaß-Meisterschaft, Winterthur, sowie den Familien Außerlechner und Feuerstein, Bregenz und Schwarzenberg im Bregenzer Wald; bei Zwicker: der Redaktion des Flensburger Tageblatts.
Für die Bereitstellung sämtlicher Kartenabbildungen bedanke ich mich bei den Vereinigten Altenburger und Stralsunder Spielkartenfabriken (ASS) in Leinfelden bei Stuttgart.

Das praxisnahe Buchprogramm mit 1000 Tips für jedermann!

Falken Bücher

Verlagsverzeichnis in Kurzfassung

(Die Zahl vor dem Titel entspricht der Bestellnummer)

BRIEFSTELLER, GLÜCKWÜNSCHE UND REDEN

			DM
0060	**Der neue Briefsteller.** Von I. Wolter-Rosendorf, 112 Seiten	kart.	5,80
0231	**Musterbriefe für alle Gelegenheiten.** Herausgegeben von Olaf Fuhrmann unter Mitarbeit von H. Kirst und D. Kellermann, 248 Seiten	kart.	9,80
0114	**Privatbriefe – Behördenkorrespondenz.** Von I. Wolter-Rosendorf, 80 Seiten	kart.	4,80
0041	**Geschäftliche Briefe des Privatmannes, Handwerkers u. Kaufmannes.** Von A. Römer, 96 Seiten	kart.	5,80
0138	**Erfolgreiche Bewerbungsbriefe und Bewerbungsformen.** Von W. Manekeller, 88 S.	kart.	4,80
0173	**Die erfolgreiche Bewerbung.** Von W. Manekeller, 152 Seiten	kart.	8,80
0156	**Neue Glückwunschfibel.** Von R. Christian-Hildebrandt, 96 Seiten	kart.	4,80
0264	**Glückwünsche, Toasts und Festreden zur Hochzeit.** Von I. Wolter, 86 Seiten	kart.	4,80
0155	**Von der Verlobungsfeier bis zur goldenen Hochzeit.** Von B. Ulrici, 80 Seiten	kart.	4,80
0318	**Kindergedichte zur Grünen, Silbernen und Goldenen Hochzeit.** Von H. J. Winkler, 80 Seiten	kart.	4,80
0255	**Großes Buch der Glückwünsche.** Hrsg.: Olaf Fuhrmann, 240 S., Zeichn.	kart.	9,80
0277	**Glückwunschverse für Kinder.** Von Bettina Ulrici, 80 Seiten	kart.	4,80
0069	**Festreden und Vereinsreden.** Von K. Lehnhoff, 72 Seiten	kart.	4,80
0208	**Damenreden.** Von D. Kellermann, 96 Seiten	kart.	5,80

MEHR WISSEN UND KÖNNEN

0005	**Richtiges Deutsch in Schrift und Sprache.** Von A. Buchholz, 104 Seiten	kart.	5,80
0272	**Reden – Verhandeln – Diskutieren.** Von Georg Bauer, 112 Seiten	kart.	7,80
0076	**Die Redekunst, Redetechnik, Rednererfolg.** Von Kurt Wolter, überarbeitet von Dr. W. Tappe, 80 Seiten	kart.	4,80
0170	**Maschinenschreiben durch Selbstunterricht, Band I.** Von O. Fonfara, 84 S., Abb.	kart.	4,80
0252	**Maschinenschreiben durch Selbstunterricht, Band II.** Von Hanns Kaus, 84 S., Abb.	kart.	4,80
0274	**Tipps+Tapps.** Maschinenschreib-Fibel für Kinder. Von Hanns Kaus, 48 S., Abb.	kart.	3,80
0266	**Stenografie – leicht gelernt.** Von Hanns Kaus, 64 Seiten	kart.	5,80
0253	**Deutsch für Spanier.** Von Juan M. Puente, 136 Seiten	kart.	8,80
0254	**Deutsch für Italiener.** Von I. Nadalin, 156 Seiten	kart.	8,80
0261	**Deutsch für Jugoslawen (serbo-kroatisch).** Von I. Hladek/E. Richter, 132 Seiten	kart.	8,80
0262	**Deutsch für Türken.** Von B. I. Rasch/E. Richter, 136 Seiten	kart.	8,80
0263	**Deutsch für Griechen.** Von Dr. G. Tzounakis, 124 Seiten	kart.	8,80
0100	**Rechnen aufgefrischt.** Von H. Rausch, 108 Seiten	kart.	5,80
0127	**Buchführung leicht gefaßt.** Von R. Pohl, 104 Seiten	kart.	6,80
0224	**Trinksprüche, Richtsprüche, Gästebuchverse.** Von D. Kellermann, 80 S., Illustrat.	kart.	4,80

DEUTSCH – IHRE NEUE SPRACHE – ein Kursusprogramm für Ausländer

0327	**Deutsch, Ihre neue Sprache.** Grundbuch. Von H. J. Demetz und M. Puente, 212 S. mit etwa 200 Abb.	kart.	14,80
0328	**Deutsch, Ihre neue Sprache.** Lehrerheft	kart.	3,80
0329	**Italienisch.** Glossar	kart.	6,80
0330	**Spanisch.** Glossar	kart.	6,80
0331	**Serbo-Kroatisch.** Glossar	kart.	6,80
0332	**Türkisch.** Glossar	kart.	6,80
0333	**Griechisch.** Glossar	kart.	6,80
0334	**Portugiesisch.** Glossar	kart.	6,80
0335	**Arabisch.** Glossar	kart.	6,80

DM

0336 **Englisch.** Glossar . . . . kart. 6,80
0337 **Französisch.** Glossar . . . . kart. 6,80
0338 **Tonband.** 13 cm, 9,5 cm/sec., 91 Min., Doppelspur . . . . 89,—
0339 **2 Compact-Cassetten.** 90 Min., einspurig . . . . 36,—
0340 **135 Diapositive.** Texterschließung der Lehreinheiten I–X . . . . 180,—

EHE UND FAMILIE

0251 **Vorbereitung auf die Geburt.** Schwangerschaftsgymnastik, Atmung, Rückbildungsgymnastik. Von Sabine Buchholz, 112 Seiten, 91 Fotos . . . . kart. 6,80
0211 **Wie soll es heißen?** Von D. Köhr, 88 Seiten, Abbildungen . . . . kart. 4,80
0287 **Kindergeburtstag.** Von Dr. Ilse Obrig, 104 S., 40 Abb., 11 Zeichn., Lieder mit Noten kart. 5,80
0241 **Verse fürs Poesiealbum.** Von I. Wolter, 96 Seiten, 20 Abbildungen . . . . . . kart. 4,80
0212 **Kleine Hochzeitsfibel.** Von I. Wolter, 96 Seiten, Abbildungen . . . . kart. 6,80
0288 **Hochzeitszeitungen.** Von Hans-Jürgen Winkler, 104 S., 15 Abb., 1 Musterzeitung kart. 5,80
0063 **Der gute Ton.** Von I. Wolter, 152 S., 38 Zeichn. und 8 Tabellen mit 28 Abb. . . . kart. 6,80
0046 **Erbrecht und Testament.** Von Dr. jur. H. Wandrey, 96 Seiten . . . . kart. 6,80
0359 **Im Namen der Kinder.** Hrsg. Klaus Meynersen, 128 Seiten, 9 Abb. . . . . kart. 5,—

SKETSCHE UND VORTRAGSBÜCHER

0247 **Sketsche.** Von M. Gering, 132 Seiten mit 16 Illustrationen . . . . kart. 6,80
0091 **Vergnügliches Vortragsbuch.** Von J. Plaut, dem Altmeister des Humors, 192 Seiten kart. 6,80
0188 **Die große Lachparade.** Von E. Müller, 108 Seiten . . . . kart. 6,80
0149 **Lachen, Witz und gute Laune.** Von E. Müller, 104 Seiten . . . . kart. 5,80
0157 **Humor für jedes Ohr.** Von H. Ehnle, 96 Seiten . . . . kart. 5,80
0163 **Tolle Sachen zum Schmunzeln und Lachen.** Von E. Müller, 91 Seiten . . . . . kart. 5,80
0098 **So feiert man Feste fröhlicher.** Von Dr. Allos, 96 Seiten . . . . kart. 5,80
0284 **Lustige Vorträge für fröhliche Feiern.** Von K. Lehnhoff, 96 Seiten . . . . . . kart. 6,80
0130 **Karnevalsscherze und Büttenreden.** Von Dr. Allos, 136 Seiten . . . . kart. 6,80
0216 **Narren in der Bütt.** Zusammengestellt von Th. Lücker, 112 Seiten . . . . kart. 5,80
0354 **Damen in der Bütt.** Scherze, Büttenreden, Sketche. Von Traudi Müller. 120 S. . . kart. 6,80
0304 **Helau und Alaaf.** Närrisches aus der Bütt. Von Erich Müller, 112 S. . . . . . . kart. 6,80

WITZE

0175 **Starker Tobak – 2. Prise.** Von K. von Löcknitz, 96 Seiten, Geschenkband . . . . gbd. 6,80
0220 **Der Stammtisch lacht.** Von D. Mann, 96 Seiten, Geschenkband . . . . kart. 6,80
0260 **Wie hätten Sie's denn gern?** Frechheiten und Witze zum Herrenabend. Von Fred Warden, 104 Seiten, Geschenkband . . . . gbd. 6,80
0285 **Ostfriesenwitze I.** Gesammelt und herausgegeben von Onno Freese, 80 Seiten . kart. 3,–
0286 **Ostfriesenwitze II.** Gesammelt von Enno van Rentjeborgh, 80 Seiten . . . . . kart. 3,–
0294 **Die Rache der Ostfriesen.** Von Peter Körner, 80 Seiten . . . . kart. 3,—
0325 **Robert Lembkes Witzauslese.** 160 Seiten mit 10 Zeichn. von H. E. Köhler . . . . gbd. 14,80

GESELLIGKEIT, DENKSPORT UND QUIZ

0120 **Fidelitas und Trallala.** Von Dr. Allos, 104 Seiten, viele Abbildungen . . . . . . kart. 6,80
0200 **Wir lernen tanzen mit dem Ehepaar Fern.** Von Ernst und Helga Fern, 168 Seiten, 125 Fotos und viele Schrittdiagramme . . . . kart. 8,80
0249 **Wir lernen Modetänze mit dem Ehepaar Fern.** Von E. Fern, 128 S., mit 109 Fotos kart. 7,80
0165 **Lustige Tanzspiele und Scherztänze.** Von E. Bäulke, 80 Seiten, Abbildungen . . kart. 4,80
0192 **Wir geben eine Party.** Von R. Christian-Hildebrandt, 84 S., 8 Kunstdrucktafeln, Abb. kart. 5,80

			DM
0362	**Denksport und Schnickschnack.** Von Jürgen Barto, 100 Seiten, 50 Abb.	kart.	6,80
0129	**Quiz.** Von R. Sautter, 96 Seiten	kart.	4,80
0246	**Großes Rätsel-ABC.** Von H. Schiefelbein, 416 Seiten, Efalin-Einband	gbd.	16,—
0182	**Rätsel lösen – ein Vergnügen.** Von E. Maier, 240 Seiten	kart.	9,80
0282	**Zaubertricks.** Von Jochen Zmeck, 244 Seiten, 115 Abbildungen	kart.	9,80

HOBBY – DO-IT-YOURSELF

0353	**Münzen.** Ein Brevier für Sammler. Von E. Dehnke, 128 S., viele Abbildungen . . .	kart.	6,80
0291	**Freizeit mit dem Mikroskop.** Von Martin Deckart, 132 S., 60 Fotos u. 4 Zeichnungen	kart.	8,80
0322	**HiFi und Quadrophonie.** Von S. Spanger, 104 S., Abb.	kart.	7,80
0283	**Tonbandpraxis.** Von D. Pange, 84 Seiten, 15 Abbildungen	kart.	6,80
0342	**Schmalfilmen.** Von Uwe Ney. 100 S., viele Fotos, z. T. vierf., und Illustrationen . .	kart.	6,80
0320	**Häkeln und Makramee.** Von Dr. M. Stradal, 104 S., 243 Abb.	kart.	6,80
0205	**Stricken, häkeln, loopen.** Von Dr. M. Stradal, 96 Seiten, viele Abbildungen . . .	kart.	5,80
0185	**Selbstschneidern – mein Hobby.** Von H. Wöhlert, 128 Seiten, Abbildungen . . .	kart.	6,80
0183	**Moderne Basteleien für groß und klein.** Von I. Goldbeck, 84 S., viele Abbildungen	kart.	4,80
0269	**Das bunte Bastelbuch.** Von R. Scholz-Peters, 160 S., etwa 100 Abb., davon 40 farbig	kart.	8,80
0280	**Origami – die Kunst des Papierfaltens.** Von R. Harbin, 160 S., über 600 Zeichn.	kart.	8,80
0361	**Flugmodelle bauen und fliegen.** Von W. Thies/W. Rolf, 160 Seiten, ca. 90 Abb. und 5 Faltpläne	kart.	9,80
0243	**Heimwerker-Handbuch.** Basteln und Bauen mit elektrischen Heimwerkzeugen. Von Bernd Käsch, 192 Seiten mit 180 Fotos und Zeichnungen	kart.	9,80
0289	**Selbst tapezieren und streichen.** Von D. Heitmann u. J. Geithmann, 96 S., 49 Fotos	kart.	5,80

DIE WELT ENTDECKEN

Farbig ausgestattete Jugendsachbücher für das Alter ab 8 Jahren
Aufgenommen in die Auswahlliste des Deutschen Jugendbuchpreises:

8001	**Autos.** Von Robert Wyatt, 48 S., 150 größtenteils vierfarbige Abb.	Pbd.	9,80
8002	**Eisenbahnen.** Von Rixon Bucknall, 48 S., 126 größtenteils vierfarbige Abb. . . .	Pbd.	9,80
8003	**Flugzeuge.** Von Kenneth Munson, 48 S., 132 größtenteils vierfarbige Abb. . . .	Pbd.	9,80
8004	**Schiffe.** Von Brian Benson, 48 S., 119 größtenteils vierfarbige Abb.	Pbd.	9,80
8005	**Ozeane.** Von Keith Andrews, 48 Seiten, ca. 150 größtenteils vierfarbige Abb. . .	Pbd.	9,80
8006	**Weltraum.** Von Kenneth Gatland, 48 Seiten, ca. 150 größtenteils vierfarbige Abb. .	Pbd.	9,80
8007	**Der Mensch und seine Umwelt.** Von A. Harris, 48 S., ca. 150 größtenteils vierf. Abb.	Pbd.	9,80
8008	**Die Erforschung des Erdinnern.** Von A. Davis, 48 S., ca. 150 größtenteils vierf. Abb.	Pbd.	9,80
8009	**Bewegliche Modelle zum Selbstbasteln.** Von H. T. Sutton, 48 S., über 150 Abb.	Pbd.	9,80
8010	**Kommunikationen.** Von J. Bear, 48 S., über 140 größtenteils vierf. Abb.	Pbd.	9,80
8011	**Der menschliche Körper.** Von J. Noel, 48 S., über 120 größtenteils vierf. Abb. . .	Pbd.	9,80
8012	**Altertum.** Von C. Goff, 48 S., über 120 größtenteilsl vierf. Abb.	Pbd.	9,80
8013	**Urzeit.** Von R.-A. Gale, 48 S., über 100 größtenteils vierf. Abb.	Pbd.	9,80
8014	**Das Wetter.** Von Bill Bailey, 48 Seiten, viele farbige Abb.	Pbd.	9,80
8015	**Hunde.** Von Rex Marchant, 48 Seiten, viele farbige Abb.	Pbd.	9,80
8016	**Pferde.** Von T. Webber, 48 Seiten, weit über 100, größtenteils vierfarbige Abb. . .	Pbd.	9,80
8017	**Mikroskop.** Von P. Kirkpatrick, 48 Seiten, über 100, größtenteils vierfarbige Abb. .	Pbd.	9,80

SPORT

0065	**Jiu-Jitsu.** Von B. Kressel, 84 Seiten, 83 Abbildungen	kart.	5,80
0111	**Neue Kniffe und Griffe im Jiu-Jitsu/Judo.** Von E. Rahn, 84 Seiten, 142 Fotos . .	kart.	5,80
0314	**Karate für alle.** Von Albrecht Pflüger. 112 Seiten mit 354 Fotos	kart.	8,80
0227	**Karate – ein fernöstlicher Kampfsport Band I.** Von A. Pflüger, 136 Seiten mit über 200 Fotos und Zeichnungen	kart.	9,80
0239	**Karate — Band II.** Von A. Pflüger, 160 Seiten mit 254 Abbildungen	kart.	9,80
0248	**Aikido.** Modernste japanische Selbstverteidigung. Von Gerd Wischnewski, 132 Seiten, 250 Abbildungen	kart.	9,80
0347	**Taekwon-Do.** Von K. Gil, 152 S., 387 Fotos	kart.	12,80
0305	**Judo.** Grundlagen und Methodik. Von Mahito Ohgo, 204 S., etwa 1000 Fotos . . .	kart.	14,80
0276	**Ju-Jutsu.** Waffenlose Selbstverteidigung. Von W. Heim/F.-J. Gresch, 155 S., Abb.	kart.	9,80
3043	**Ju-Jutsu im Bild.** Von Rolf-Jürgen Krutwig, 96 Seiten, 112 Abb.	gbd.	9,80
0352	**Judo.** Go Kyo-Kampftechniken. Von M. Ohgo, 152 S., über 400 Abb.	kart.	16,80
0233	**Sicher durch Selbstverteidigung.** Von A. Pflüger, 136 S., 310 Fotos u. Zeichnungen	kart.	7,80

FALKEN BUNTE WELT

Antiquitäten

(4105) herausgegeben von Peter Philp, übersetzt von Britta Zorn, 144 Seiten mit über 250 Abbildungen, davon ca. 75 vierfarbig, Format 21 x 29 cm, gebunden, DM 19,80

Edelsteine und Mineralien

(4102) Von I. O. Evans, deutsch von K. F. Hasenklever, 128 Seiten, 140 vierfarbige und schwarz-weiße Abbildungen, gebunden, DM 19,80

Indianer

(4106) Von Royal B. Hassrick, übersetzt von Friedrich Griese, 144 Seiten mit 200 Fotos, teils in Farbe, Format 21 x 29 cm, gebunden, DM 19,80

Feuerwaffen

(4101) Von Richard Akehurst, deutsch von Elisabeth Schwarz, 128 Seiten, 170 vierfarbige und schwarz-weiße Abbildungen, gebunden, DM 19,80

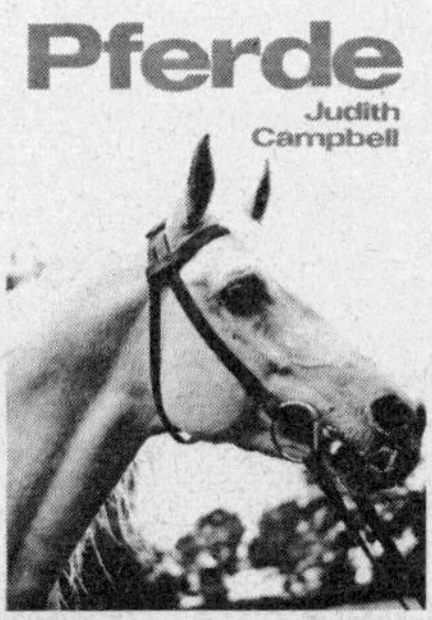

Wildtiere Europas

(4104) Von Maurice Burton. Deutsche Bearbeitung Michael Geisthardt, 172 Seiten, durchgehend vierfarbig mit 230 Abbildungen, gebunden, DM 24,–

Pferde

(4103) Von Judith Campbell, deutsch von Angelika Haug, 128 Seiten, 154 vierfarbige und schwarz-weiße, zum Teil nie veröffentlichte Fotos, gebunden, DM 19,80

DM

0321 **Gesundheit und Spannkraft durch Yoga.** Von Dr. L. Frank und U. Ebbers, 120 Seiten, 50 Fotos . . . . kart. 6,80
0341 **Yoga für Jeden mit Kareen Zebroff.** 142 Seiten, 135 Abb. . . . . kart. 18,—
0349 **Yoga für Mütter und Kinder.** Von Kareen Zebroff, 128 Seiten, 139 Abbildungen . . kart. 18,—
3039 **Kendo im Bild.** Japanisches Schwertfechten. Von Rolf-Jürgen Krutwig, 96 Seiten, 135 Abb. . . . . gbd. 9,80
3035 **Reiten im Bild.** Von U. Richter, 124 S., 180 Abb., Großformat . . . . gbd. 12,80
3041 **Eislauf im Bild.** Von Manfred Schnelldorfer, 124 S., 140 Fotos . . . . gbd. 9,80
0279 **Basketball. Übungen und Technik für Schule und Verein.** Von Chris Kyriasoglou, 116 Seiten, 186 Fotos, 164 Zeichnungen . . . . kart. 12,80
0351 **Volleyball.** Von H. Huhle, 102 S., 100 Abb. . . . . kart. 9,80
0343 **Golf.** Von J. C. Jessop, 160 S., 50 Fotos . . . . kart. 14,80
0350 **Bowling.** Von L. Belissimo, 144 S., Fotos . . . . kart. 9,80
0191 **Fibel für Kegelfreunde.** Von G. Bocsai, 80 Seiten, über 60 Abbildungen . . . . kart. 4,80
0271 **Beliebte und neue Kegelspiele.** Von G. Bocsai, 92 Seiten, Zeichnungen . . . . kart. 4,80
0363 **Tischtennis modern gespielt.** Von O. Brucker/T. Harangozo, 120 Seiten, 65 Abb. . kart. 9,80
0198 **Angeln.** Von E. Bondick, 96 Seiten mit über 100 Abbildungen . . . . kart. 4,80
0324 **Sportfischen.** Von Helmut Oppel, 144 Seiten mit Fotos, Abb. und Farbtafeln . . . kart. 8,80
0267 **Tauchen** – Grundlagen, Training, Praxis. Von W. Freihen, 136 Seiten, 50 Fotos kart. 9,80
0316 **Segeln.** Von H. und L. Blasy, 112 Seiten, 54 Fotos und Abb. . . . . kart. 6,80
0366 **Gesund und fit durch Gymnastik.** Von H. Pilss-Samek, 132 S. mit 150 Abb. . . . kart. 7,80
0367 **Kung Fu** – Grundlagen, Technik, mit 370 Fotos. Von Bruce Tegner, deutsche Bearbeitung von Albrecht Pflüger, 182 S. . . . . kart. 14,80
0369 **Skischule.** Von Ch. und R. Kerler, 128 Seiten mit 100 Fotos . . . . kart. 7,80

GARTEN, PFLANZEN, TIERE UND NATUR

0300 **Ikebana Band 1: Moribana.** Von Gabriele Vocke, 160 S., 40 Vierfarbtafeln, über 50 Schwarzweißfotos und Grafiken . . . . Ppb. 19,80
0348 **Ikebana Band 2: Nageire.** Von G. Vocke, ca. 160 S., 32 Farbtafeln . . . . . . Ppb. 19,80
0319 **Arbeitsheft zum Lehrbuch IKEBANA Bd. 1.** Von G. Vocke, 79 S., zahlreiche Grafiken kart. 6,80
0275 **Der Rasen um unser Haus.** Von Inge Manz, 96 Seiten, Abbildungen . . . . . . kart. 8,80
0199 **Fibel für Kakteenfreunde.** Von H. Herold, 92 Seiten, Farbtafeln . . . . kart. 6,80
0245 **Die farbige Kräuterfibel.** Von I. Gabriel, 196 S., 144 Abb., davon 49 farbig . . . kart. 12,80
0215 **Das farbige Pilzbuch.** Von Keller-Kronberger, 132 Seiten, 105 farbige Abbildungen gbd. 8,80
0009 **Das neue Hundebuch.** Von W. Busack, überarbeitet von Dr. Hacker, 64 Seiten, zahlreiche Abbildungen auf Kunstdrucktafeln . . . . kart. 5,80
0346 **Hundeausbildung.** Von R. Menzel, 94 S., 18 Fotos . . . . kart. 7,80
0073 **Der deutsche Schäferhund.** Von Dr. Hacker, 104 S., viele Abb. auf Kunstdrucktafeln kart. 6,80
0153 **Das Süßwasser-Aquarium.** Von W. Baehr, 132 S., Zeichn. und mehrfarbige Tafeln kart. 6,80
0281 **Das Meerwasser-Aquarium.** Von Hans J. Mayland, 146 S., 200 Abb., viele vierfarbig kart. 9,80
0290 **Vögel.** Ein Beobachtungs- und Bestimmungsbuch. Von Dr. Winfried Potrykus, 120 Seiten, 176 Abbildungen davon 160 farbig . . . . gbd. 9,80

ESSEN, TRINKEN UND HAUSHALT

0323 **Miekes Kräuter- und Gewürzkochbuch.** Von I. Persy und K. Mieke, 96 S., 8 Farbt. kart. 6,80
0326 **Mikrowellen-Kochen.** Von Alexander Spoerl, 80 Seiten, Zeichn. und 8 Farbtafeln kart. 6.80
0315 **Modern Kochen.** 104 Seiten, 8 Farbtafeln . . . . kart. 6,80
0345 **Garen im Herd.** Von E. Exner, 96 S., 9 Farbtafeln . . . . kart. 6,80
0317 **Computer-Menüs zum Schlankwerden.** Von Dr. Maria Wagner und Ulrike Schubert, 92 Seiten, mit vielen Tabellen . . . . kart. 6,80
0364 **Alles mit Obst.** Von M. Hoff/B. Müller, 96 Seiten, 8 Farbtafeln . . . . kart. 6,80
0360 **Schonkost heute.** Von M. Oehlrich/U. Schubert, 140 Seiten, 8 Farbtafeln . . . . kart. 9,80
0344 **Gesünder essen.** Schonkost. Von H. Keil, 96 S., 9 Farbtafeln . . . . kart. 6,80
0265 **Schnell gekocht – gut gekocht.** Von Irmgard Persy, 96 Seiten, vierfarbige Tafeln kart. 6,80
0169 **Leckereien vom Spieß oder Grill.** Von J. Zadar, 80 Seiten, Abbildungen . . . . kart. 5,80
0222 **88 köstliche Salate.** Von Chr. Schönherr, 104 Seiten, 8 Farbtafeln . . . . . . kart. 6,80
0357 **Saucen.** Von Giovanni Cavestri, 96 S., 12 Farbtafeln . . . . kart. 7,80
0365 **Fritieren – neu.** Von Marianne Bormio, 96 Seiten . . . . kart. 6,80
0370 **Selbst Brotbacken.** Von Jens Schiermann, 80 Seiten . . . . kart. 6,80
0356 **Tee für Genießer.** Von Marianne Nicolin, 64 S., 4 Farbt. . . . . kart. 5,80
0075 **Cocktails und Mixereien.** Von J. Walker, 104 Seiten, Zeichnungen . . . . . . kart. 4,80
0187 **Neue Cocktails und Drinks.** Von Chr. Taylor, 84 Seiten, Zeichnung., Geschenkband kart. 6,80

GESUNDHEIT UND SCHÖNHEIT

			DM
0110	**Fibel für Zuckerkranke.** Von Dr. med. Th. Kantschew, 132 S., Zeichn. und Tab.	kart.	6,80
0106	**Die Leber- und Gallenleiden.** Von Dr. med. W. Rohrbach, Dr. med. F. Hube. 72 S.	kart.	6,80
0259	**Gesund und schön.** Kosmetikbrevier für die moderne Frau. Von Johanna Gottschalk, 120 Seiten, etwa 80 Zeichnungen und Fotos	kart.	6,80

KARTEN-, UNTERHALTUNGS- UND ANDERE SPIELE

0095	**Neues Buch der Kartenspiele.** Von K. Lichtwitz, 84 Seiten	kart.	4,80
0206	**Das Skatspiel.** Von K. Lehnhoff, bearbeitet von Alt-Skatmeister P. A. Höfges, 96 S.	kart.	4,80
0141	**Die Bridge-Fibel.** Von H. Landsberg, 144 Seiten	kart.	9,80
0104	**Das Schachspiel.** Von W. Wollenschläger, 72 Seiten, Diagramme	kart.	4,80
0219	**Taktik und Probleme des Schachspiels.** Von R. Teschner, 96 Seiten, viele Schachdiagramme	kart.	5,80
0121	**Roulette richtig gespielt.** Von M. Jung, 96 Seiten, zahlreiche Tabellen	kart.	6,80
0270	**Spiele für zwei Personen.** Von I. Wolter, 148 Seiten, viele Zeichnungen	kart.	6,80
0202	**Spiele für unsere Kleinen.** Von D. Kellermann, 84 Seiten, Skizzen und Noten . .	kart.	4,80

FALKEN FARBIG

5001	**Grillen.** Von Inge Zechmann, 64 Seiten, 38 Farbabb.	gbd.	9,80
5002	**Salate.** Von Inge Zechmann, 64 Seiten, 47 Farbabb.	gbd.	9,80
5003	**Aquarienfische des tropischen Süßwassers.** Von Hans J. Mayland, 64 Seiten, 98 Farbabb.	gbd.	9,80
5004	**Gärtnern für Anfänger.** Von Inge Manz, 64 Seiten, 38 Farbabb.	gbd.	9,80
5005	**Der schön gedeckte Tisch.** Von R. Stender, 64 S., 62 Farbabbildungen	gbd.	9,80
5006	**Fondues.** Von Eva Exner, 64 Seiten, 20 Farbabbildungen	gbd.	9,80
5007	**Lirum, larum Löffelstiel.** Ein Kinderkochkursus. Von I. Becker, 64 Seiten, 50 vierfarbige Abb. und Illustrationen, Spiralheftung	kart.	7,80
5008	**Heiße Öfen.** Von H. Briel, 64 S., 63 Farbabb.	gbd.	9,80
5009	**Segeln.** Von Horst Müller, 64 S., 40 Farbabb.	gbd.	9,80
5010	**Zimmerpflanzen.** Von I. Manz, 64 S., 98 Farbabb.	gbd.	9,80
5011	**Chinesisch kochen.** Von K.-H. Haß, 64 S., 33 Farbabb.	gbd.	9,80
5012	**Zeichnen und malen leicht gemacht.** Von C. Timm, 64 S., 120 Farbabb.	gbd.	9,80
5013	**Die Selbermachers renovieren ihre Wohnung.** Von W. Köhnemann, 148 S., viele Farbabb.	kart.	14,80
5014	**Blumenpracht im Garten.** Von Inge Manz, 64 Seiten, 93 Farbabb.	gbd.	9,80
5015	**Kalte Platten — Kalte Büfetts.** Von Margit Gutta, 64 Seiten, 33 Farbabb.	gbd.	9,80
5016	**Französisch kochen.** Von Margit Gutta, 64 Seiten, 35 Farbabb.	gbd.	9,80
5017	**Mixen mit und ohne Alkohol.** Von Holger Hofmann, 64 Seiten, 35 Farbabb. . . .	gbd.	9,80
5018	**Tanzstunde.** Von Gerhard Hädrich, 118 Seiten, ca. 370 Fotos und Schrittskizzen .	gbd.	15,–
5019	**Oldtimer.** Die technische Entwicklung des Autos. Von H. P. Tillenburg, 64 Seiten, über 50 Fotos	gbd.	9,80
5020	**Desserts und süße Leckerbissen.** Von M. Gutta, 64 Seiten mit 38 Farbabb.	gbd.	9,80
5021	**Kakteen. Herkunft, Anzucht, Pflege.** Von Werner Hoffmann, 64 Seiten mit 67 Farbabbildungen	gbd.	9,80
5022	**Österreichische Küche.** Von Helga Holzinger, 64 Seiten mit 35 Abb.	gbd.	9,80

FALKEN + ASS

2001	**Kartenspiele.** Von C. D. Grupp, 144 Seiten	kart.	7,80
2002	**Spielend Schach lernen.** Von Th. Schuster, 128 Seiten	kart.	6,80
2003	**Patiencen in Wort und Bild.** Von I. Wolter, 136 S.	kart.	7,80
2004	**Spieltechnik im Bridge.** Von V. Mollo / N. Gardener, deutsche Adaption von D. Schröder, etwa 200 Seiten	kart.	16,80
2005	**Alles über Skat.** Von G. Kirschbach, 144 Seiten	kart.	7,80
2006	**Gesellschaftsspiele für drinnen und draußen.** Von Heinz Görz, 128 S.	kart.	6,80
2007	**Würfelspiele.** Von Friedrich Pruss, 112 Seiten	kart.	6,80
2008	**Backgammon für Anfänger und Könner.** Von G. W. Fink und G. Fuchs, 112 Seiten, viele Zeichnungen	kart.	9,80
2009	**Kinderspiele, die Spaß machen.** Von H. Müller-Stein, 112 Seiten mit vielen Abb.	kart.	6,80
2010	**Kartentricks.** Von T. A. Rosée, 80 Seiten, viele Zeichnungen	kart.	5,80

Falken Sachbücher

FAMILIE UND FREIZEIT

Das Aquarium
Einrichtung, Pflege und Fische für Süß- und Meerwasser
352 Seiten mit über 200 Farbabbildungen und Farbtafeln sowie 150 Zeichnungen und Skizzen
DM 36,– (Best.-Nr. 4029)

Moderne Fotopraxis
Bildgestaltung · Aufnahmepraxis · Kameratechnik · Fotolexikon
360 Seiten mit über 200 Abbildungen, davon 50 vierfarbig
DM 29,80 (Best.-Nr. 4030)

Der praktische Hausarzt
768 Seiten, über 550 Abbildungen und 16 Farbtafeln
DM 19,80 (Best.-Nr. 4011)

Ikebana-modern
Die Kunst des Blumenarrangierens
168 Seiten, davon 40 ganzseitige Vierfarbtafeln und viele Zeichnungen, DM 36,– (Best.-Nr. 4031)

Großes Kräuter- und Gewürzbuch
608 Seiten, 40 Farbtafeln und etwa 300 Abbildungen, gebunden DM 26,– (Best.-Nr. 4026)
Eine Zusammenstellung von über 300 Kräutern und ihre Anwendung als Heilpflanzen und Gewürze

Zeitgemäße Beschäftigung mit Kindern
512 Seiten, 16 Farbtafeln, DM 29,80 (Best.-Nr. 4025)

Basteln und werken
mit tesa – farbenfroh und kinderleicht
256 Seiten, über 300 vierfarbige Abbildungen, Pappband,
DM 22,– (Best.-Nr. 4018)

DIE GROSSEN FALKENBÜCHER

4003 **Ich bekomme ein Kind**

Von Ursula Klamroth und Wibke Bruhns unter Mitarbeit mehrerer Fachärzte. 268 Seiten, 90 Fotos und 32 Grafiken, gbd., vierfarbiger Schutzumschlag, DM 16,80

4009 **Großes Buch festlicher Reden und Ansprachen**

Eine Mustersammlung insbesondere für öffentlich-rechtliche und wirtschaftliche Veranstaltungen. Unter Mitwirkung zahlreicher Fachautoren, herausgegeben von Dipl.-Kfm. Frank Sicker. 448 Seiten, Lexikon-Format, Ganzleinen gebunden. DM 34,–

4011 **Der praktische Hausarzt**

Ein hausärztlicher Ratgeber. Unter Mitarbeit vieler Fachärzte koordiniert von Dr. Eric Weiser. 700 Seiten, über 500 Fotos und Zeichnungen sowie 16 mehrfarbige Bildtafeln. Format 17 x 24 cm, Festband, cellophanierter Schutzumschlag, DM 19,80.

Aus dem Inhalt: Bau und Funktion des menschlichen Körpers – Gesunde Lebensweise – Natürliche Hygiene des Geschlechts- und Ehelebens – Gesundheitspflege der Frau, des Säuglings und Kindes – Der kranke Mensch und seine Behandlung – Das Naturheilverfahren und praktische Ratschläge für Krankheit und Unfall – Erste Hilfe bei Unfällen – Die verschiedenen Diätformen.

4013 **Judo – Grundlagen des Stand- und Bodenkampfes**

Geschlossener Lehrgang sämtlicher Judo-Techniken von W. Hofmann. 228 Seiten, fast 600 Fotos, Großformat, gebunden DM 26,–

Wolfgang Hofmann ist Deutschlands erfahrenster Judo-Fachmann. Nach 12 deutschen und 3 Europa-Meisterschaften krönte er seine sportliche Laufbahn mit der Silbermedaille bei der Olympiade in Tokio.

4014 **Moderne Korrespondenz**

Von H. Kirst und W. Manekeller. 568 Seiten, gebunden DM 36,–

Durch bessere Briefe mehr Erfolg! Hier liegt der umfassende Ratgeber aus der Praxis für die Praxis unter Berücksichtigung aller Formen und DIN-Normen vor.

4015 **Umgangsformen heute**

Die Empfehlungen des Fachausschusses für Umgangsformen. 308 Seiten, ca. 150 Fotos und 50 Abbildungen, gebunden, DM 24,–

4018 **Basteln und werken mit tesa**

Farbenfroh und kinderleicht. Von Friedericke Baresel-Anderle. 256 Seiten, über 300 vierfarbige Abbildungen, Pappband, DM 22,–

Über 200 Bastelanleitungen für die verschiedensten Materialien: Papier, Karton, Pappe, Filz, Leder, Holz, Kreide, Draht und Metall sowie für Materialien aus der Natur und dem Haushalt.

4022 **Der große Rätselknacker**

Über 100 000 Rätselfragen. Zusammengestellt von H.-J. Winkler, 544 Seiten, Lexikonformat, kart. DM 19,80

4024 **Flugzeuge**

Von E. Angelucci, deutsche Bearbeitung von Edouard Schartz. 288 Seiten, viele Farbabbildungen, Balacron-gbd. DM 36,–
1000 Maschinen aus aller Welt mit sämtlichen technischen Daten – vom ersten Fluggerät bis zum Überschalljet.

4025 **Zeitgemäße Beschäftigung mit Kindern**
Von Ingeborg Rathmann. 496 Seiten, über 400 Abb., gebunden DM 29,80
Vielfältige Anregungen zum Spielen, Lernen und zur Unterhaltung für kleine und große Kinder.

4026 **Großes Kräuter- und Gewürzbuch**
Von Heinz Görz. 648 Seiten, über 200 Zeichnungen, farbig, geb. DM 26,–
Heilkräuter-Erkennung und ihre Anwendung, Gewürzgewinnung, Lagerung und Verarbeitung. Mit vielen Rezepten.

4027 **Preiswert kochen**
Von Eva Exner, 208 Seiten, 8 Farbtafeln, geb. DM 19,80
400 Rezepte und praktische Tips für sparsame Hausfrauen. Ratschläge für Vorratshaltung, Resteverwertung und preisgünstige Sonderangebote je nach Jahreszeit.

4028 **Karate-Do**
Das Handbuch des modernen Karate.
Von Albrecht Pflüger, 360 Seiten, über 1100 Abb., geb. DM 28,–
Eine umfassende und mit über 1100 Abbildungen illustrierte Darstellung des modernen Karate für Anfänger, Fortgeschrittene und Meister.

4029 **Das Aquarium**
Einrichtung, Pflege und Fische für Süß- und Meerwasser. Von Hans J. Mayland, 352 Seiten mit über 200 Farbabbildungen und Farbtafeln sowie 150 Zeichnungen und Skizzen, Format 19,5 x 21 cm, Balacron mit vierfarbigem Schutzumschlag, abwaschbare Polyleinprägung, DM 36,–

4030 **Moderne Fotopraxis**
Bildgestaltung – Aufnahmepraxis – Kameratechnik. Fotolexikon. Von Wolfgang Freihen, 360 Seiten mit über 200 Abbildungen, davon 50 vierfarbig, Format 19,5 x 21 cm, Balacron mit vierfarbigem Schutzumschlag, abwaschbare Polyleinprägung, DM 29,80

4031 **Ikebana modern**
Die Kunst des Blumenarrangierens. Von G. Vocke, 168 S., davon 40 ganzseitige Vierfarbtafeln und viele Zeichnungen, Format 21 x 26 cm. Ganzleinen mit vierfarbigem, cellophaniertem Schutzumschlag, DM 36,–

FALKEN BUNTE WELT

4101 **Feuerwaffen**
Von Richard Akehurst. 128 Seiten, 170 vierfarbige und schwarz-weiße Abbildungen, gebunden DM 19,80

4102 **Edelsteine und Mineralien**
Von I. O. Evans, 128 Seiten, 140 vierfarbige und schwarz-weiße Abbildungen, gebunden DM 19,80

4103 **Pferde**
Von Judith Campbell. 140 Seiten, 154 vierfarbige und schwarz-weiße Abbildungen, gebunden DM 19,80

4103 **Wildtiere Europas**

Von Maurice Burton, deutsche Bearbeitung Michael Geisthardt, 172 Seiten, 230 farbige Abbildungen, geb. DM 24,–

Die heute in Europa in freier Natur lebenden Tiere werden in einer Fülle prächtiger vierfarbiger Bilder vorgestellt.

4105 **Antiquitäten**

Von Peter Philp. 144 Seiten mit über 250 Abbildungen, davon ca. 75 vierfarbig, gebunden, DM 19,80

4106 **Indianer**

Von Royal B. Hassrick, 144 Seiten mit 200 Fotos, teils in Farbe, geb., DM 19,80

Wilhelm Busch-Ausgaben

3028	**Wilhelm-Busch-Album.** 405 Seiten, 1700 farbige Abb.	Ln.	DM 36,–
3062	**Humoristischer Hausschatz.** Von W. Busch, 368 S., 1600 Abb.	gbd.	DM 16,80
3032	**Kritik des Herzens.** Von W. Busch, 100 Seiten	gbd.	DM 9,80
3034	**Schein und Sein.** Gedichte, von W. Busch, 114 Seiten	Ln.	DM 9,80

Sonderausgaben

9041	**Das große Gartenbuch.** Von J. K. Gassner. 320 Seiten, viele ein- und mehrfarbige Abbildungen. Großformat.	gbd.	DM 12,80
9038	**Gut kochen.** Von Stefanie Michael. Über 500 Rezepte mit genauer Kalorienangabe auf 230 Seiten mit 16 Farbtafeln. . . .	gbd.	DM 9,80

Falls durch Preiserhöhungen der Lieferanten Änderungen erforderlich werden, erfolgt Auftragserledigung zu dem bei Lieferung gültigen Preis.

Alle hier genannten Preise entsprechen dem Stand bei Drucklegung dieses Verzeichnisses.

FALKEN-VERLAG ERICH SICKER KG · 62 WIESBADEN

BESTELLSCHEIN (Bitte ausschneiden und als Briefdrucksache frankiert im Umschlag einsenden)

Ich bestelle hiermit aus dem Falken-Verlag, 62 Wiesbaden, Postfach 2449 durch die Buchhandlung:

.... Ex. ....

.... Ex. ....

.... Ex. ....

.... Ex. ....

.... Ex. ....

Name: .... Ort: ....

Beruf: ....Straße u. Nr. ....

Datum: .... Unterschrift: ....